# Die 12 Zonen des menschlichen Körpers

## Entwürfe für die Zukunft  –  Band 7

**Kontakt:** www.HarryEilenstein.de
Harry.Eilenstein@web.de
Harry Eilenstein bei youtube

**Verlag:** BoD · Books on Demand GmbH, Überseering 33, 22297 Hamburg, bod@bod.de
**Druck:** Libri Plureos GmbH, Friedensallee 273, 22763 Hamburg

**ISBN:** 978-3-7693-5295-5

# Inhaltsübersicht

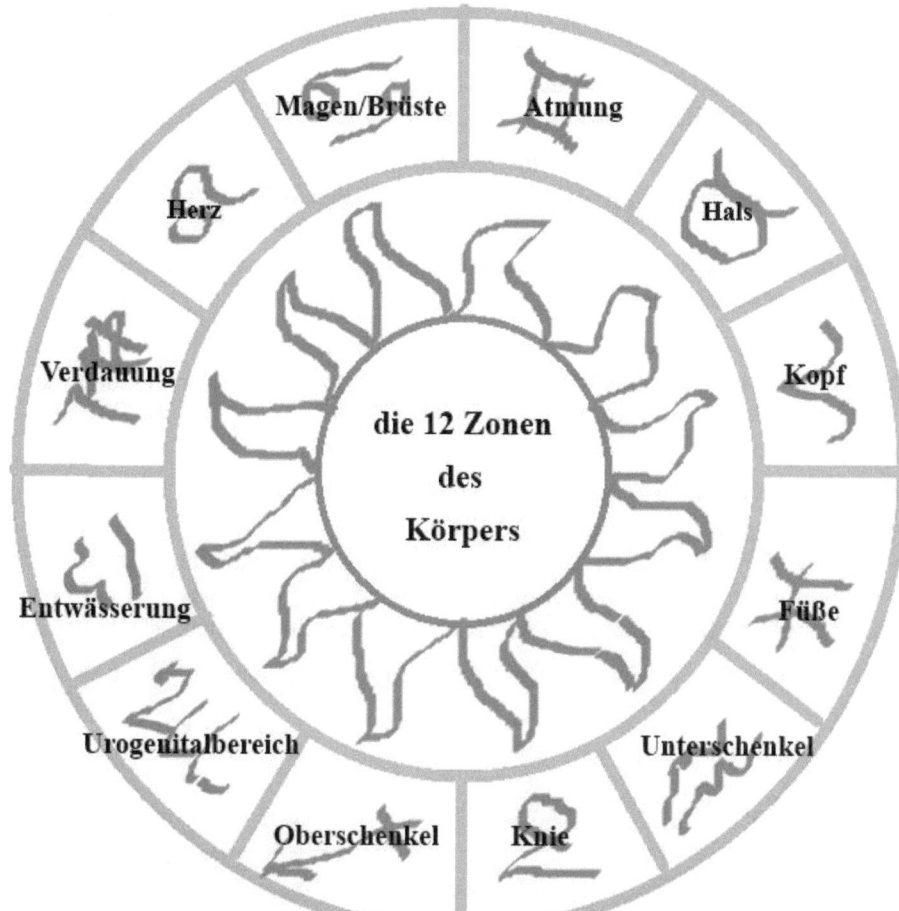

Magen/Brüste

Atmung

Herz

Hals

Verdauung

Kopf

die 12 Zonen

des

Körpers

Entwässerung

Füße

Urogenitalbereich

Unterschenkel

Oberschenkel

Knie

# Warum 12?

Alle Bücher dieser Reihe haben genau 12 Kapitel – was sich ja auch in den Titeln dieser Bücher widerspiegelt. Warum?

In diesen Büchern wird der Tierkreis als Matrix von 12 verschiedenen Sichtweisen auf die Welt verwendet, um das Thema des Buches möglichst umfassend in 12 Kapiteln zu betrachten. Dadurch wird eine ausgewogenere, umfassendere und tiefere Einsicht in das jeweilige Thema erlangt als es ohne ein solches Raster, ohne eine solche Matrix möglich wäre.

Der Tierkreis wird in dieser Buch-Reihe als Forschungs-Hilfsmittel benutzt, durch das die Einseitigkeiten in der Betrachtung zumindest vermindert werden können. Weiterhin werden durch dieses Vorgehen diese 12 Sichtweisen auch als Ergänzungen zueinander, als organische Teile eines Ganzen deutlich.

Die Inspiration zu diesem Vorgehen stammt aus Hermann Hesses Roman „Das Glasperlenspiel", für das er 1946 den Literatur-Nobelpreis erhielt. In diesem Roman beschreibt er die öffentlichen Darstellungen von Übersichten und Gesamtbetrachtungen, die mithilfe von verschiedenen allgemeinen Strukturen wie z.B. dem Ba Gua aus dem chinesischen Feng-Shui angefertigt und aufgeführt werden.

Diese Buch-Reihe ist ein Versuch, Hesse's Idee im ganz Kleinen konkret zu verwirklichen.

Die Blickwinkel der 12 Tierkreiszeichen sind:

| | | |
|---|---|---|
| ♈ | Widder: | Spontaner |
| ♉ | Stier: | Genießer |
| ♊ | Zwilling: | Neugieriger |
| ♋ | Krebs: | Familienmensch |
| ♌ | Löwe: | Egozentriker |
| ♍ | Jungfrau: | Handwerker |
| ♎ | Waage: | Schöngeist |
| ♏ | Skorpion: | Tiefgründiger |
| ♐ | Schütze: | Idealist |
| ♑ | Steinbock: | Realist |
| ♒ | Wassermann: | Theoretiker |
| ♓ | Fische: | Träumer |

# Vorwort

In der Astrologie wird auch der menschliche Körper betrachtet: Jeder Teil des Leibes gehört zu einem der zwölf „Häuser" des Horoskops.

So wie die Tierkreiszeichen – vereinfacht gesagt – eine Einteilung des Jahres in zwölf gleichgroße Teile sind, so sind die astrologischen Häuser die Einteilung des Tages in zwölf gleichgroße Teile. Diese beiden Kreise sind das Bezugssystem in einem Horoskop.

Da die zwölf astrologischen Häuser nicht nur den Körperbereichen, sondern auch den zwölf Lebensbereichen eines Menschen entsprechen – das 2. Haus dem Besitz, das 7. Haus den Beziehungen, das 10. Haus der Öffentlichkeit usw. – kann man anhand des Bereiches des Körpers, der erkrankt ist, schon erkennen, in welchem Lebensbereich der Kranke vermutlich größere Schwierigkeiten hat.

Wenn man sein ganzes Horoskop kennt, kann man auch gleich nach den Häusern schauen, in denen zwei Planeten stehen, die in einem Quadrat (90°-Winkel) zueinander stehen – dort finden sich die meisten Schwierigkeiten. Doch für die Betrachtungen in diesem Booklet benötigt man keinerlei astrologischen Vorkenntnissen.


Diese zwölf Körperzonen sind:


| | |
|---|---|
| 1. Haus (Widder-ähnlich): | Kopf |
| 2. Haus (Stier-ähnlich): | Hals |
| 3. Haus (Zwillinge-ähnlich): | Atembereich |
| 4. Haus (Krebs-ähnlich): | Lymphe, weibliche Brüste |
| 5. Haus (Löwe-ähnlich): | Herz |
| 6. Haus (Jungfrau-ähnlich): | Verdauung |
| 7. Haus (Waage-ähnlich): | Entwässerung |
| 8. Haus (Skorpion-ähnlich): | Genitalien, Ausscheidung |
| 9. Haus (Schütze-ähnlich): | Oberschenkel/Oberarme |
| 10. Haus (Steinbock-ähnlich): | Knie/Ellenbogen |
| 11. Haus (Wassermann-ähnlich): | Unterschenkel/Unterarme |
| 12. Haus (Fische-ähnlich): | Füße/Hände |

In diesem Buch werden auch nicht alle Krankheiten betrachtet, die es gibt, aber es wird versucht, die Art der Betrachtungsweise deutlich zu machen, die zu einem Verständnis für die psychische und soziale Seite einer Krankheit führt.

- - -

Eine recht nützliche allgemeine Orientierung bei Krankheiten bezieht sich auf die Art des Krankheits-Verursachers: Pilze, Bakterien oder Viren.

Diese drei Krankheitserreger dringen verschieden tief in das menschliche System ein, woraus man Rückschlüsse auf die psychischen Ursachen der Krankheit ziehen kann.

## Pilze

Die Pilze sitzen auf der Oberfläche des Menschen, wobei zu dieser Oberfläche auch das Innere des Verdauungssystems gehört. Die Pilze befinden sich also in der **körperfremden Substanz** des Menschen: auf der Haut, in der Lunge und in dem Darminhalt.

Die Pilze sind ein- oder mehrzellige Lebewesen – also „groß" – und können daher nicht in den eigentlichen Körper des Menschen eindringen.

Das bedeutet, dass die durch Pilze verursachten Krankheiten wahrscheinlich vor allem mit der allgemeinen Umgebung eines Menschen zu tun haben: mit seiner Arbeit, seinen Kollegen und Vorgesetzten, seiner Umwelt, seinem Wohnort u.ä. – denn das ist der „körperfremde Bereich" im Außen.

## Bakterien

Die Bakterien dringen in den Menschen ein und sitzen dann in seinen Muskeln, in seinen Organen, in seinem Blut usw. Die Bakterien befinden sich also in der **körpereigenen Substanz** des Menschen.

Die Bakterien sind aber auch in der körperfremden Substanz, also auf der Haut und im Darminhalt. Sie können somit in zwei Bereichen des Menschen leben: in der körperfremden Substanz (auf der Haut, im Darm) und in der körpereigenen Substanz (Organe, Blut, Muskeln usw.).

Die Bakterien sind einzellige Lebewesen – also „mittelgroß" – und können daher in den eigentlichen Körper des Menschen eindringen.

Das bedeutet, dass die durch Bakterien verursachten Krankheiten wahrscheinlich mit den engen Kontakten des Kranken zu tun haben: mit seinen Beziehungen, seiner Familie und seinen engsten Freunden – denn das ist der „körpereigene Bereich" um Außen.

## Viren

Die Viren dringen in die Zellen des Menschen ein und befinden sich dann im Zellkern in der **körperdefinierenden Substanz**, d.h. in der DNS im Zellkern.

Sie sind aber auch in der körperfremden Substanz und in der körpereigenen Substanz: Sie leben in allen drei Bereichen und können bis in die Identität des Menschen – die DNS in seinen Zellkernen – vordringen.

Die Viren sind lediglich eine DNS in einem „Transportgehäuse" – also „klein" – und können daher bis in die Zellkerne des Menschen gelangen.

Das bedeutet, dass die durch Viren verursachten Krankheiten wahrscheinlich mit dem Selbstbild und der Lebensweise des Kranken zu tun haben: mit dem, wie er sich sieht, wie er handelt, mit seinen Mangelgefühlen, seinen Ängsten und Selbstzweifeln – denn das ist der „körperdefinierende Bereich" im Außen.

## Krebs, Unfälle, Degenerationen

Drei weitere häufige Krankheitsursachen – neben Pilzen Bakterien und Viren – sind Krebs, Unfälle und DegenerationsErkrankungen. Auch sie lassen sich allgemein beschreiben.

Beim **Krebs** wuchert ein Teil des Körpers zügellos. **Wachstum** ist astrologisch gesehen eine Fähigkeit des Jupiters: Sinn finden, Ziele haben, Dinge anstreben, Projekte durchführen, Ziele erreichen, das Erreichte genießen … Es ist daher anzunehmen, dass Krebs dann entsteht, wenn diese Fähigkeit zur Sinngebung, zur Ziel-Formulierung und zum Wachstum in einem Lebensbereich blockiert ist. Diesen Lebensbereich kann man an dem Organ oder Körperteil erkennen, den der Krebs befallen hat, da das astrologische Häusersystem die Organe und Körperteile alle einem Lebensbereich zuordnet.

Bei **Unfällen** wirkt eine äußere Kraft auf den Körper ein. **Kräfte** gehören astrologisch gesehen zum Mars. Daraus ergibt sich, dass man bei Unfällen eine Kraft falsch eingeschätzt hat. Auch hier kann man aus dem verletzten Glied oder Organ auf den Lebensbereich schließen, in dem möglicherweise eine Spannung oder etwas Ähnliches besteht, die letztlich zu dem Unfall geführt hat.

Bei **Degenerations-Erkrankungen** wird entweder der Körper **abgenutzt** oder es schleichen sich **Fehlfunktionen** ein. In diesen Fällen liegt eine Fehlhaltung vor – entweder körperlich oder in der Lebensführung. Die Haltung und daher auch die Fehlhaltung gehört astrologisch gesehen zum Saturn. Daher kann man im Horoskop schauen, wo dieser Planet im dem Horoskop des Kranken steht.

Diese Unterscheidungen sind bei der Betrachtung von Krankheiten recht hilfreich, da sie einen ersten Anhaltspunkt dafür bieten, was man an psychischen und sozialen Aspekten bei der Heilung zumindest einmal genauer betrachten sollte.

Zusammen mit den 12 Körperbereichen ergeben diese insgesamt 6 grundlegenden Unterscheidungen – Pilze, Bakterien, Viren, Krebs, Unfall, Degeneration – immerhin schon eine Differenzierung in 72 verschiedene Krankheitsgruppen, die alle eine bestimmte Dynamik haben und denen allen eine andere psychische und/oder soziale Konstellation zugrunde liegt.

Es ist aber immer zu beachten, dass der Charakter der 12 Körperzonen, die durch die 12 astrologischen Häuser beschrieben wird, nur als Hilfsmittel benutzt wird. Man muss in jedem Fall die Krankheit selber genau ansehen und aus den bei ihr auftreten-den Symptomen – die ja auch nicht bei allen Menschen mit dieser Krankheit gleich sind – jeweils neu die Schlussfolgerungen ziehen, was die psychische Seite und Ursache dieser Krankheit bei einem bestimmten Menschen ist.

In den 12 Kapiteln dieses Booklets werden natürlich nicht alle Krankheiten, die es gibt, aufgeführt, sondern nur eine Auswahl, um die Betrachtungsweise zu verdeutlichen, mit deren Hilfe man den Charakter einer Krankheit verstehen und ihre eventuellen psychischen Ursachen erkennen kann.

Mit den 12 Körper-Zonen, die den 12 astrologischen Häusern zugeordnet sind,sind das indische System der Chakren, das chinesische System der Akupunkturpunkte, das tibetische System der Druckpunkte des Rang Dröl und noch einige andere Körperpunkt-Systeme eng verwandt. Erfreulicherweise stimmen die von ihnen beschriebenen Eigenschaften dieser Punkte und somit der Körper-Zonen, in denen sie liegen, weitestgehend überein. Sie werden in diesem Buch aber nur am Rande in die Beschreibungen der Körperzonen miteinbezogen.

Diese Chakren und Nebenchakren entsprechen vom Kopf bis zu den Füßen hin dem 1. bis dem 12. Haus.

Bei Bedarf findet sich ein ausführlicher Vergleich all dieser Punkte und Körperzonen in: Harry Eilenstein – „Das Chakren-System mit den Neben-chakren".


Die Zuordnung der 12 Körperzonen zu den 12 astrologischen Häusern ist zwar schon sehr alt und hat sich gut bewährt, aber es wäre erfreulich, wenn sie noch gründlicher erforscht, mit vielen Einzelfällen belegt und vor allem präzisiert werden würde.

# 1. Kopf

♈

*a) die Bedeutung des 1. Hauses*

Das 1. astrologische Haus steht für die Lebensbereiche, die der Direktheit des Sternzeichens Widder entsprechen: das Hier und Jetzt – also immer und bei allem „ganz da sein".

Die Körperteile und Organe, die dem 1. Haus entsprechen, sind: **Kopf, Gehirn, Sinnesorgane und Mund** (wahrnehmen, zubeißen und kauen).

Wenn es in diesem Bereich zu Störungen kommt, entstehen Kopfschmerzen, Konflikte, Kraftvergeudung, Engstirnigkeit, Scheuklappen-Sicht …

Das Thema dieser Lebensbereiche und Körperzonen, die dem 1. Haus entsprechen, ist die Direktheit des Kontaktes mit dem, was vor einem steht: ein Pionier.

Der Kopf-zentrierte Widder-Stil des 1. Hauses reicht von „tatkräftig" über „hyperaktiv" bis zu „mit dem Kopf durch die Wand".

Das **Scheitelchakra** hat dem Yoga und der alternativen Medizin zufolge die Aufgabe, den Menschen aus einem Bewusstsein über das Ganze heraus im Hier und jetzt sinnvolle Handlungen zu ermöglichen.

Das **Haaransatz-Nebenchakra** hat die Aufgabe, im eigenen Leben nach Handlungsmöglichkeiten zu suchen.

Das **Dritte Auge** (zwischen den Augenbrauen) hat die Aufgabe, Entscheidungen für eine Richtung im Leben zu treffen und diese dann auch zu verfolgen.

Diese drei Kopf-Chakren und Kopf-Nebenchakren betonen die Fähigkeit des Widders, spontan Situationen zu erfassen und eine Entscheidung zu treffen und sie mit aller Kraft auch umzusetzen.

**Pilz-Erkrankungen** im Kopf-Bereich legen den Verdacht nahe, dass die eigene Tatkraft von den allgemeinen äußeren Umständen stark eingeschränkt und behindert wird.

**Bakterien-Erkrankungen** im Kopf-Bereich legen die Vermutung nahe, dass die eigene Tatkraft und Initiative durch die eigene Familie stark eingeschränkt wird.

**Viren-Erkrankungen** im Kopf-Bereich könnten darauf hinweisen, dass man sich auf irgendeine Weise selber in Bezug auf seine Tatkraft blockiert und lahmgelegt hat.

**Krebs-Erkrankungen** im Kopf-Bereich gehen wahrscheinlich auf eine massiv verdrängte Eigeninitiative und eine stark blockierte Spontanität zurück.

**Degenerations-Erkrankungen** im Kopf-Bereich entstehen normalerweise dann, wenn es in Bezug auf die eigenen spontanen Impulse über lange Zeit eine zu große Anpassung an andere oder an die „Umstände" gegeben hat.

**Unfälle** im Kopf-Bereich haben ihre Ursache vermutlich in einer Falscheinschätzung der eigenen Kraft und der eigenen Fähigkeiten, wodurch sich der Kopf, der „durch die Wand wollte", nun eine dicke Beule hat.


## *c) konkrete Krankheiten im 1. Haus*

### **Zahnausfall**

Einem Mann sind im Alter von 35-50 Jahren alle Zähne bis auf zwei ausgefallen. Die Zähne an sich waren in Ordnung, aber das Zahnfleisch und der Kieferknochen hatten sich zurückgebildet.

*Die Zähne sind die Waffen – astrologisch der Mars. Die Knochen bilden den Halt für die Zähne – astrologisch der Saturn. Anscheinend gab es etwas in dem Mann, das seine eigene Aggression abgelehnt hat.*

*In seinem Horoskop steht der Mars im Trigon zum Saturn – der Saturn (Knochen) sollte also eigentlich den Mars (Zähne) sicher und fest halten. Der Saturn hat jedoch ein Quadrat zum Pluto, was bedeutet, dass es bei ihm Konflikte zwischen dem Wesentlichen (Pluto) und dem Festen (Saturn) geben kann.*

*Die sowohl aus dem Zahnbefund als auch aus dem Horoskop heraus vermutete Ablehnung der eigenen Aggression findet sich in der Geschichte dieses Mannes wieder, der mit eineinhalb Jahren von seinen Eltern für ein Jahr verlassen worden ist und dem dann anschließend seine neugeborene Schwester vorgezogen worden ist. In diesem Zusammenhang wählte dieser Mann als Überlebensstrategie die vollkommene Unterordnung – was dann zu seinem Zahnausfall geführt hat.*

*Durch die Bejahung und Integration seiner Aggressionen konnte er den Zahnausfall schließlich stoppen.*

## Karies

Im Gegensatz zur Parodontose, also zur Zurückbildung des Zahnfleisches und der Kieferknochen, ist Karies ein Verfall der Zähne selber.

*Während bei der Parodontose der Betreffende zwar gute „Waffen" hat, aber sich nicht traut, sie zu benutzen, werden bei Karies die „Waffen" selber zerstört. Der Effekt ist derselbe, aber die Haltung ist verschieden: Parodontose lehnt die Benutzung der Zähne ab – Karies lehnt die Zähne selber ab.*

## Erkältung

Eine Erkältung ist eine Krankheit der Schleimhäute der Nase und der Nebenhöhlen, die von Viren und manchmal zusätzlich von Bakterien verursacht wird. Erkältungen treten am häufigsten bei Kindern auf und werden mit zunehmendem Alter seltener. Erkältungen sind eine der häufigsten Infektionskrankheiten des Menschen. Sie werden durch über 200 sehr verschiedene Viren verursacht.

Eine Erkältung ist keine Grippe – die Grippe ist eine weitaus schwerere Erkrankung und kann im Gegensatz zur Erkältung tödlich enden.

Zu den Symptomen einer Erkältung zählen Frösteln, Fieber, Husten, Niesen, Halsschmerzen, Mattigkeit, Gliederschmerzen und eine „laufende Nase". Die Krankheit dauert 10-15 Tage. Erkältungen treten vor allem bei nasskaltem Wetter auf. Auch Stress fördert die Erkältungsanfälligkeit.

Die Ansteckung erfolgt durch Tröpfcheninfektion, durch direkten Kontakt mit einem

Erkrankten oder durch Schmierinfektion (Berührung mit Viren-verseuchten Gegen-ständen).

*Die Erkältung gehört als eine durch Viren verursachte Krankheit zu den Identitäts-krisen, da sie den Bereich der körperdefinierenden Stoffe (DNS) angreift.*

*Von dem von der Erkältung befallenen Organ her (Nase) könnte man auf eine Krise in der Willensbildung, der Ausrichtung in der Welt, der Ziele u.ä. schließen, da dies die Funktionen des Dritten Auges („Stirnchakra") sind, das sich an der Nasenwurzel befindet.*

*Wenn man das Gesicht als Gleichnis für den ganzen Leib nimmt, entspricht die Nase den Genitalien. Das erinnert daran, dass im Yoga die Kundalini (Lebenskraft) vom Wurzelchakra bei den Genitalien zum Dritten Auge hinaufgeleitet wird. Es wäre also auch ein Zusammenhang mit dem Fluss der Lebenskraft im Körper denkbar. Dazu würde auch Stress als einer der Auslösungsfaktoren einer Erkältung passen.*

*Möglicherweise geht es daher bei einer Erkältung darum, dass der Betreffende in einer Richtungskrise steckt, d.h. dass er auf ein Hindernis gestoßen ist und deshalb nicht mehr weiß, welchen Weg er nun einschlagen soll – das Dritte Auge ist für die Orientierung in der Welt und für die eigenen Ziele zuständig.*

*Diese Vermutung stimmt mit vielen Beobachtungen überein.*

## **Grippe**

Eine Grippe wird wie die Erkältungen durch einen Virus ausgelöst, aber sie ist in ihrem Verlauf sehr viel schwerer und kann tödlich enden. Die Grippe ist weit verbreitet – jedes Jahr erkranken 10-20% der Weltbevölkerung an Grippe. Zu den Symptomen der Grippe zählen der sehr plötzliche Krankheitsbeginn, hohes Fieber, Schüttelfrost, Kopfschmerzen, Müdigkeit, Husten, geschwollene Nasenschleimhäute, Erbrechen und Durchfall. Durch die Schwächung der Abwehrkräfte des Körpers durch den Grippe-Virus erfolgt oftmals noch eine anschließende Infektion mit Bakte-rien. Diese Folge findet sich auch bei den Erkältungen.

Die Grippe wird durch Kontakt oder Tröpfcheninfektion an den Schleimhäuten von Mund, Hals, Nase und Augen übertragen. Eine Grippe kann sich epidemieartig ausbreiten. Solche Epidemien führen zu einer erhöhten Todesrate, die sich oft nur statistisch erfassen lässt, da sich der Tod des einzelnen Menschen nicht immer eindeutig auf eine Grippe oder eine Grippe-Folgekrankheit zurückführen lässt. Die Krankheit selber dauert 7-14 Tage, worauf allerdings noch einige Wochen mit Schwächegefühl folgen können.

*Die psychologische Deutung einer Grippe entspricht der einer Erkältung, nur dass sie offenbar durch eine deutlich schwerere Richtungs-Krise im Leben verursacht wird.*

*Interessant ist, dass auf die Virus-Krankheit (Identitätskrise) oft noch eine Bakterien-Krankheit (Familien-Krise) folgt – was ja auch in psychologischer Hinsicht schlüssig ist, da eine Veränderung der Identität auch eine Neuordnung der Beziehungen nach sich zieht.*

## Parkinson

Der alte Name „Schüttellähmung" bezeichnet das Hauptsymptom dieser Krankheit: eine zunehmende Lähmung der Glieder, die dabei zu zittern beginnen. Weitere häufige Symptome sind eine gedrückte Stimmung und ein verlangsamtes Denken.

Die Ursache dafür ist das Absterben von Nerven in einem Teil des Mittelhirns, das den Botenstoff Dopamin produziert, der für die Steuerung von Bewegungen notwendig ist. Dopamin wird umgangssprachlich auch als „Glückshormon" bezeichnet. Die Ursache für das mit Dopamin verbundene Glücksgefühl liegt in der Antriebssteigerung durch dieses Hormon („Jogger-Hormon"). Dopamin reguliert auch die Durchblutung innerer Organe.

Ein Übermaß an Dopamin tritt häufig zusammen mit Schizophrenie und Psychosen auf.

Die Parkinson-Krankheit kann verschiedene Ursachen haben: erblich, durch Medikamente verursacht, durch Schläge auf den Kopf (Boxer-Krankheit), durch Vergiftungen (Pestizide u.ä.), durch Entzündungen und durch Stoffwechselstörungen. Die Krankheit beginnt meistens erst nach dem 50. Lebensjahr.

*Das durch Dopamin verursachte Glücksgefühl hängt mit Bewegung, Motivation, Durchblutung und Antriebssteigerung zusammen – es handelt sich also um ein „Mars-Hormon". Das Glücksgefühl könnte daher mit dem Orgasmus in Verbindung stehen, der das „Glücksgefühl des Mars" ist.*

*Das Absterben von Nerven im Mittelhirn ist ein „Tod des Mars". Man kann bei Parkinson-Erkrankten also nach Selbsthass und ähnlichen Gefühlen suchen.*

*Wie bei allen Krankheiten ist das Zusammenspiel zwischen äußeren Ursachen und der inneren Bereitschaft, auf diese Ursachen mit einer Krankheit zu reagieren, manchmal recht komplex.*

*Da diese Krankheit im Mittelhirn entsteht, kann man sie dem 1. Haus zurechnen, das ja auch für Motivation und Tatkraft steht, die durch die Parkinson'sche Krankheit eben behindert werden.*

### d) Heilungsansätze im 1. Haus

Förderlich sind ein größerer Freiraum zum spontanen Handeln, das Wiedererlangen eines größeren Maßes an Freiheit und die Freude an der eigenen Kraft.

# 2. Hals

♉

## a) die Bedeutung des 2. Hauses

Das 2. astrologische Haus steht für die Lebensbereiche, die dem Genießen des Sternzeichens Stier entsprechen: Gesundheit, Ernährung, Körperpflege, Einrichtung, Wohnen, Architektur, Einkommen, Bankkonto (Besitz im weitesten Sinne).

Die Körperteile und Organe, die dem 2. Haus entsprechen, sind: **Hals, Nacken und Speiseröhre** (Aufnahme von Speisen und Getränken).

Wenn es in diesem Bereich zu Störungen kommt, entsteht Gier, Völlerei, Verzicht, Genußsucht, Fettleibigkeit, Neid …

Das Thema dieser Lebensbereiche und Körperzonen, die dem 2. Haus entsprechen, ist das Horten und Genießen des Angenehmen: ein Hobbit.

Der Hals-zentrierte Stier-Stil des 2. Hauses reicht von „fördernd" über „halsstarrig". bis zu „genußsüchtig".

Das **Gaumen-Nebenchakra** hat dem Yoga und den alternativen Heilmethoden zufolge die Aufgabe, die allgemeinen Wünsche eines Menschen in Hinblick auf seine Beziehungen zu anderen Menschen und Dingen zu konkretisieren.

Das entspricht dem 2. Haus, in dem das, was angenehm ist, aufgenommen wird, und das, was unangenehm ist, abgewiesen wird.

## b) die sechs grundlegenden Erkrankungs-Arten des 2. Hauses

**Pilz-Erkrankungen** im Hals-Bereich legen den Verdacht nahe, dass sich der Kranke in allgemeinen Lebensumständen befindet, die er so nicht gewählt hat und in denen er Einflüssen machtlos ausgesetzt ist, die er so gar nicht haben will.

**Bakterien-Erkrankungen** im Hals-Bereich legen die Vermutung nahe, dass sich der Betreffende in seinen Beziehungen, in seiner Familie oder in seinen Freundschaften nicht aufrichtig zeigt und daher anders handelt als er es eigentlich will.

**Viren-Erkrankungen** im Hals-Bereich könnten darauf hinweisen, dass der Kranke selber gar nicht mehr klar sieht, wie er eigentlich leben will, was ihm gut tut und was ihm nicht gut tut.

**Krebs-Erkrankungen** im Hals-Bereich gehen wahrscheinlich auf, dass die „Fähigkeiten des Halses", also das „sich zeigen wie man ist", der Gefühlsausdruck und das Besitzen und Genießen, stark vernachlässigt oder sogar weitgehend verdrängt worden sind.

**Degenerations-Erkrankungen** im Hals-Bereich entstehen normalerweise durch Überlastung oder Fehlverhalten in Bezug auf das „sich im Leben klar positionieren".

**Unfälle** im Hals-Bereich haben ihre Ursache vermutlich darin, dass man seine eigene Kraft oder die Situation in Bezug auf Besitz und Abgrenzung falsch eingeschätzt hat.

### *c) konkrete Krankheiten im 2. Haus*

### **Essstörungen**

Essstörungen sind weit verbreitet: Fresssucht, Magersucht und Bulimie.

*Bei der Fresssucht wird ein Mangel durch ein Suchtverhalten verdrängt: Man isst weit mehr als man eigentlich braucht und wird dadurch übergewichtig. Diese Strategie gehört zu dem klammernden Bindungstyp.*

*Bei der Magersucht wird derselbe Mangel durch Askese verdrängt: Man isst weit weniger als man braucht. Diese Strategie gehört zu dem abweisenden Bindungstyp.*

*Bei der Bulimie wird dieser Mangel abwechselnd durch Fresssucht und Askese verdrängt – bzw. der Kranke versucht sie dadurch zu verdrängen. Man hat Fressanfälle, nach denen man sich anschließend übergibt, um die Nahrung wieder loszuwerden. Diese Kranken sind sich ihrer Krankheit jedoch meistens schmerzhaft bewusst. Diese Strategie gehört zu dem desorganisierten (wechselhaften) Bindungstyp.*

*Die eigentliche Heilung fast aller Essstörungen liegt in der Heilung des grundlegenden (meist psychischen) Mangelgefühls des Kranken.*

## Vergiftungen

Vergiftungen könnte man zu den Verletzungen zählen, nur das sie nicht durch eine äußere Kraft, sondern durch einen äußeren Stoff verursacht worden sind.

*Das, was einem Menschen bei einer Vergiftung gefehlt hat, ist die Unterscheidung von dem, was einem gut tut und was nicht. Da sich jedoch eine Fliegenpilz-Vergiftung und eine Quecksilber-Vergiftung im Bergbau von ihrer Ursache her jedoch sehr stark unterscheiden, muss man auch hier den Einzelfall sehr genau betrachten.*


## Mumps

Mumps („Ziegenpeter") ist eine Virus-Erkrankung, die vor allem die Speicheldrüsen befällt. Zu den Symptomen zählen die Schwellung der Speicheldrüsen, Fieber und bisweilen Atemschwierigkeiten. Meistens erkranken Kinder an dieser Krankheit („Kinderkrankheit"). Anschließend an diese Krankheit ist man lebenslang immun gegen Mumps – man kann also nur ein einziges Mal an Mumps erkranken. Die Krankheit wird durch Tröpfcheninfektion oder durch direkten Kontakt übertragen.

Jungen erkranken häufiger als Mädchen an Mumps. Mumps verbreitet sich meisten epidemieartig. Der Krankheitsverlauf wird mit zunehmendem Alter immer schwerer. Mumps kann zu einer Hirnhautentzündung oder (bei Jungen) zu einer Hodenentzündung führen.

*Als Virus-Erkrankung betrifft Mumps die Identität eines Menschen. Die Speicheldrüse steht mit der Nahrungsaufnahme in Zusammenhang. Man kann also eine Krise auf der oralen Ebene vermuten wie z.B. einen Mangel an Geborgenheit, der zu Sucht oder Askese führen könnte.*


## Röteln

Wie Mumps sind die Röteln eine durch einen Virus verursachte Kinderkrankheit, nach deren Ende der Betreffende sein Leben lang immun gegen Röteln ist. Zu den Symptomen zählen rote Hautflecken, Fieber und Lymphknotenschwellungen. Die roten Flecken treten zuerst am Kopf auf und verbreiten sich dann auf dem Leib und auf Arme und Beine. In der Hälfte der Fälle einer Infektion mit dem Rötel-Virus treten keinerlei Symptome auf.

Während der Schwangerschaft kann es zu einer Gefährdung des ungeborenen Kindes kommen.

Röteln verbreiten sich durch Tröpfcheninfektion. Wie das Masern-Virus kann das Rötel-Virus nur im Menschen leben.

*Die Röteln sind von ihrem Erscheinungsbild her den Masern und dem Mumps sehr ähnlich. Die Identitätskrise (Viren) betrifft bei den Röteln vor allem die Haut und könnte daher wie die Masern auf eine Kontaktkrise hinweisen.*

## Bandscheibenvorfall

Derselbe Mann wie der mit den ausgefallenen Zähnen im vorigen Kapitel hatte im Hals einen Bandscheibenvorfall. Es bestand der Verdacht, dass die Taubheit in seiner Hand durch diesen Bandscheibenvorfall bedingt war, was sich jedoch als Irrtum herausstellte, da sich seine Beschwerden durch Rückenmassagen beheben ließen.

*Der Hals entspricht im Horoskop dem 2. Haus, in dem dieser Mann seinen Saturn stehen hat. Der Bandscheibenvorfall gehört somit thematisch zu seinem Zahnausfall: Er kann nicht zu seiner eigenen Substanz stehen und nicht seinen eigenen Besitz verteidigen – beides entspricht dem 2. Haus.*

*Er hatte im Zusammenhang mit der Rückkehr zu seinen Eltern im Alter von 3 Jahren nach einjähriger Trennung von ihnen und in der Konfrontation mit seiner Schwester seinen gesamten Besitz (Spielzeug) aufgegeben.*

*Die Heilung dieses Erlebnisses ist daher auch die Wurzel der Heilung seines Zahnausfalls und seiner Bandscheibenprobleme.*

## Epilepsie

Das wesentliche Symptom einer Epilepsie ist der spontan auftretende Krampfanfall ohne erkennbare vorhergehende Ursache. Dabei kann es auch zu Bewusstseins-störungen kommen, die aber nicht in allen Fällen auftreten müssen. Der Krampfanfall kündet sich manchmal durch Taubheit, ein unangenehmes Gefühl in der Magen-gegend, Halluzinationen o.ä. an. Einige Krämpfe beschränken sich auf einzelne Körperstellen und bleiben dort, andere weiten sich von dort ausgehend aus und wieder andere treten sofort überall auf.

Die Krampfanfälle enden häufig von selber nach kurzer Zeit. Manchmal kommt es wenig später zu Wiederholungen. Es gibt auch Anfälle, die länger als 20 Minuten dauern – dann besteht die Gefahr der Hirnschädigung oder des tödlichen Verlaufs. Nach dem Anfall liegt der Kranke manchmal bis zu mehreren Stunden in einer Art Schlaf und kann kaum aufgeweckt werden und ist desorientiert. Der Anfall kann sowohl im Wachzustand als auch im Schlaf auftreten.

10% der Menschen haben eine erhöhte Krampfbereitschaft; 4-5% der Menschen haben einmal oder wenige Male im Leben einen Krampf; 0,5-1% haben häufig einen Krampfanfall, d.h. Epilepsie. Am seltensten haben Erwachsene Krampfanfälle. Bei Kindern liegt die Wahrscheinlichkeit um 50% höher als bei Erwachsenen und bei Alten liegt sie 200% höher als bei Erwachsenen.

Die Krämpfe entstehen durch plötzliche Entladungen der Gehirnnerven, die die von ihnen gesteuerten Muskeln zur Kontraktion bringen. Diese Entladungen können hirnorganische Gründe haben, sie können auch in einer Störung des Stoffwechsels begründet liegen, aber oft ist keine Ursache erkennbar. Weitere Gründe können eine Schädigung des Gehirns durch Bakterien, Viren oder einen Tumor sein.

Die nur gelegentlich auftretende Epilepsie kann vielfältige Ursachen haben: Fieber, Schlafentzug, Stroboskop-Licht (Disco), Überanstrengung, Drogen, Alkoholentzug. Einige Formen der Epilepsie sind auch vererbbar. Andere Formen heilen mit der Pubertät vollständig aus. Es gibt sehr viele verschiedene Formen, die sich zu einem großen Teil bestimmten Gehirnregionen zuordnen lassen.

Epilepsie ist auch von Tieren bekannt. Am häufigsten ist sie bei Hunden beobachtet worden, etwas seltener bei Katzen und sehr selten auch bei Kaninchen. Bei den Pferden tritt sie vor allem bei Arabern auf.

Die genauen Ursachen und die Abläufe der Vorgänge im Gehirn bei einem Krampf-anfall sind noch nicht vollständig erforscht. Epilepsie ist in der Antike u.a. bei den Griechen als Besessenheit von den Göttern angesehen worden.

Die eher pragmatischen Römer testeten ihre Soldaten bei deren Musterung auf Epilepsieanfälligkeit, indem sie sie durch die Speichen eines sich drehenden Rades auf die Sonne blicken ließen – durch den Stroboskop-Effekt wurde zumindest bei denjenigen, die eine starke Epilepsieneigung besaßen, ein Anfall ausgelöst, woraufhin sie ausgemustert wurden.

Zunächst einmal ist Epilepsie eine Krankheit der Nerven – und zwar eine Überaktivität. Dann ist sie auch eine Mars-Krankheit, da von ihr die zu den Muskeln führenden Nerven betroffen sind, die diese Muskeln krampfen lassen.

Das unangenehme Gefühl in der Magengegend, das häufig einen Anfall ankündigt, könnte sich auf das Sonnengeflecht beziehen – dieses Chakra ist für den ungehinderten körperlichen Selbstausdruck zuständig, der bei einem Krampfanfall ja weitestgehend unmöglich ist. Man kann die Epilepsie somit auch als eine Sonnengeflecht-Krankheit ansehen.

Es wäre interessant zu wissen, ob zur Epilepsie neigende Menschen generell einen „verletzten Mars" im Horoskop haben, d.h. zum Beispiel ein Quadrat vom Saturn zum Mars. Die wenigen bisher bekannten Untersuchungen scheinen diesen Anfangsverdacht zu bestätigen.

Man könnte ebenfalls untersuchen, ob die Krampfanfälle, die mit einem einzelnen Körperteil beginnen und sich dann evtl. ausweiten, in dem Körperteil beginnen, das dem astrologischen Haus entspricht, in dem der Mars steht. Doch dazu gibt es noch keine Statistiken.

Man sollte erwarten, dass die Menschen, deren Anfälle am ganzen Körper beginnen, den Mars im 1. Haus stehen haben. Da die Wahrscheinlichkeit, dass der Mars im 1. Haus steht, 1/12 bzw. 8,3% beträgt, sollten die Ganzkörper-Krampfanfälle zu den partiellen Krampfanfällen ungefähr im Verhältnis 1:11 stehen. Leider gibt es darüber anscheinend noch keine Statistiken.

Die Krampfstarre des Körpers und die bisweilen auftretenden Halluzinationen können zwar durch die Tätigkeit der Nerven im Gehirn erklärt werden, aber beides sind auch Phänomene, die sich in ähnlicher Art bei der Astralreise (Nahtod-Erlebnis, „out of body"-Erlebnis) finden können.

Man sollte als psychische Entsprechung zur Epilepsie eine psychische Krampfneigung erwarten, also eine Trauma-Bildung, da ein Trauma letztlich der Krampf eines Teils der Psyche ist und auch einem Mars-Saturn-Quadrat entsprechen würde. Zum Trauma würde wiederum die Astralreise („Dissoziation") passen.

Da das Erlernen der Astralreise nahe mit dem Erlernen des Erweckens der Kundalini (Lebenskraft, Sexualität) verwandt ist, findet sich auch ein Zusammenhang zu den Formen der Epilepsie, die mit der Pubertät ausheilen. Es wäre somit auch möglich, die Epilepsie als eine Form der Fehlfunktion der Kundalini (Lebenskraftfluss im Körper) aufzufassen. Das würde wiederum bedeuten, dass es die Möglichkeit geben *müsste, Epilepsie mithilfe von Akupunktur zu behandeln, da diese auf den Fluss der Lebenskraft im Körper („Chi") wirkt.*

*Im Zentrum der Epilepsie steht sowohl in körperlicher als auch in psychischer Hinsicht der Krampf. Es ist daher naheliegend zu fragen, in welchem Lebensbereich und bei welchem Thema man sich verkrampft – und dann zu schauen, wie man sich auch in diesen Bereichen und bei diesen Themen entspannen kann.*

*Da zum einen die Astralreise eng mit dem Halschakra verbunden ist und da zum anderen ein Krampf ein Abkapseln ist, wird die Epilepsie hier zu den Krankheiten des 2. Hauses gerechnet. Diese beiden Zusammenhängen liegen darin begründet, dass das 2. Haus zum einen die Hülle ist (und ein Trauma ist eine zusammengekrampfte Hülle) und dass das 2. Haus zum anderen auch der feste Zusammenhalt ist (der den materiellen Körper und den Astralkörper normalerweise fest zusammenhält).*

### d) Heilungsansätze im 2. Haus

Förderlich sind angenehme Lebensumstände, gute Ernährung, das Gefühl des Beschütztseins und die Auflösung aller Traumata (was natürlich nicht ganz einfach ist).

# 3. Atmung

## ♊

### *a) die Bedeutung des 3. Hauses*

Das 3. astrologische Haus steht für die Lebensbereiche, die der Beweglichkeit des Sternzeichens Zwillinge entsprechen: Treffen, Gespräche, Bekanntschaften, Neugier, Lernen, Spielen.

Die Körperteile und Organe, die dem 3. Haus entsprechen, sind: **Luftröhre, Stimmbänder, Lunge** (Aufnahme von Luft, sprechen).

Wenn es in diesem Bereich zu Störungen kommt, entstehen Ruhelosigkeit, Oberflächlichkeit, Taktlosigkeit, Verzetteln, Lügen, Flatterhaftigkeit …

Das Thema dieser Lebensbereiche und Körperzonen, die dem 3. Haus entsprechen, ist der Kontakt und die Vielfalt: ein Spieler.

Der Atmungs-zentrierte Zwillings-Stil des 3. Hauses reicht von „schnelle Auffassungsgabe" über „redselig" bis zu „Plappermaul".

Das **Halschakra** hat dem Yoga und den alternativen Heilweisen zufolge die Aufgabe, die allgemeinen Wünsche eines Menschen an seine Umwelt und seine Lebensumstände zu formulieren und nach außen hin zu zeigen.

Das entspricht den Aufgaben des 3. Hauses, in dem die Welt neugierig erforscht wird und in dem man sich selber und seine Neigungen den anderen auf oft eher spielerische Weise zeigt.

### *b) die sechs grundlegenden Erkrankungs-Arten des 3. Hauses*

**Pilz-Erkrankungen** im Atmungs-Bereich legen den Verdacht nahe, dass der Betreffende sich stark zurückhält und sich daher in Situationen befindet, die ihm nicht entsprechen.

**Bakterien-Erkrankungen** im Atmungs-Bereich legen die Vermutung nahe, dass der Kranke sich in seiner Familie oder in einer anderen engen Form der Gemeinschaft angepasst hat und nicht wirklich sagt, wie er sich fühlt und was er eigentlich will.

**Viren-Erkrankungen** im Atmungs-Bereich könnten darauf hinweisen, dass dem Betreffenden gar nicht klar ist, dass er Leben führt, dass weitaus langweiliger ist als es ihm eigentlich entspricht.

**Krebs-Erkrankungen** im Atmungs-Bereich gehen wahrscheinlich darauf zurück, dass der Kranke seine eigene Neugier ignoriert und in einem Trott lebt, der ihm nicht bekommt.

**Degenerations-Erkrankungen** im Atmungs-Bereich entstehen normalerweise durch „falsche Luft“, d.h. vor allem durch das Rauchen (Raucherhusten, Lungenkrebs) oder durch eine hohe Umweltbelastung („Pseudo-Krupp“).

**Unfälle** im Atmungs-Bereich (Ertrinken, Strangulieren, Lungenverletzungen) haben ihre Ursache vermutlich in einer Fehleinschätzung der Situation.

### *c) konkrete Krankheiten im 3. Haus*

### Asthma

Asthma ist eine Atmungsstörung, bei der schon aus einem nur sehr geringen Anlass Atemnot entstehen kann. Die Ursache dafür können eine vermehrte Schleimbildung oder ein Krampf der Lungenmuskulatur sein.

Knapp 10% aller Kinder und 5% der Erwachsenen leiden an Asthma. Die Krankheit tritt bei Frauen häufiger als bei Männern auf. In Deutschland sterben jährlich ca. 5000 Menschen an Asthma.

Es ist bisher kein Zusammenhang mit schadstoffbelasteter Luft (Rauch, Abgase) festgestellt worden – lediglich die Kinder rauchender Eltern weisen eine erhöhte Asthma-Neigung auf. Asthma scheint also eine intern entstehende Krankheit zu sein.

Die meisten Asthmakranken sind in Schottland zu finden (18,4%), gefolgt von England (15,2%).

Asthma ist in den meisten Fällen mit einer Allergie gekoppelt.

Beim Asthma lassen sich Entzündungen der Bronchien (Luftwege in der Lunge), eine Überaktivität der Bronchien und eine mangelhafte Selbstreinigung der Bronchien feststellen.

*Asthma ist eine Atem-Krankheit – sie hat mit dem Austausch mit der Umwelt zu tun.*

*Asthma ist oft mit Allergien verbunden – sie hat also mit einer panikartigen Selbstverteidigung zu tun, denn bei einer Allergie bekämpft das überlastete und Stressgebeutelte Immunsystem auch körpereigene oder unschädliche Stoffe. Dies entspricht dem „blinden um-sich-Schlagen" in einer Panikattacke.*

*Asthma wird oft durch einen Krampf der Bronchien ausgelöst – sie ist auch ein psychischer Krampf. Asthma ist somit eine Panik-Krankheit, bei der sich der Betreffende verzweifelt gegen etwas in seiner Umwelt, mit dem er eng verbunden ist (Luft), verteidigen will, aber keinen sinnvollen, effektiven Weg dafür findet und daher sich schließlich selber schädigt (Allergie). Asthma ist auch eine Mars-Krankheit, da es sich bei ihr um einen blockierten Kampf (Mars) handelt. Oft scheinen auch Saturn (Krankheitsform: Blockierung) und Neptun (Krankheitsform: Allergien) beteiligt zu sein.*

*Der Asthmatiker hat gefühlsmäßig „nicht genügend Raum zum Atmen" – was vor allem in psychischer Hinsicht zutrifft.*


## Lungenentzündung

Die Lungenentzündung ist eine Entzündung der Lunge, die durch eine Infektion mit Pilzen, Bakterien oder Viren verursacht worden ist.

Zu den Symptomen zählen Fieber, Schüttelfrost, Husten, Atemnot, Schleimbildung, Schwäche, Kopfschmerzen und Gliederschmerzen.

Ein erhöhtes Krankheitsrisiko findet sich u.a. bei Lungenkranken, geschwächten Personen, AIDS-Kranken, Allergikern, bei Kleinkindern und alten Menschen, Bettlägrigkeit, Rauchern und bei vorangegangenen Lungenembolien.

Die Lungenentzündung ist nach den Durchfallerkrankungen die weltweit zweithäufigste Infektionskrankheit.

*Als Lungenkrankheit hat die Lungenentzündung einen Bezug zu dem Austausch und dem Kontakt des Kranken mit der Welt. Es ist beachtenswert, dass die Krankheit sowohl durch Pilze als auch durch Bakterien und Viren ausgelöst werden kann. Die Ursache für die Lungenentzündung kann folglich sowohl im Bereich der körperfremden Stoffe (Pilze – äußere Ursachen), der körpereigenen Stoffe (Bakterien – familiäre Ursachen) und der körperdefinierenden Stoffe (Viren – Identitätskrise) liegen.*

*Die Lungenentzündung ist somit eine sehr allgemeine Krankheit (wie schon ihre Häufigkeit zeigt), die auf eine Krise in dem Verhältnis des Kranken zu sich selber (Viren), zu seiner Familie (Bakterien) und zu seiner Umwelt (Pilze) schließen lässt.*


## Lungenkrebs

Eine weit verbreitete Form des Krebses ist der Lungenkrebs. Er wird meistens durch Rauchen oder Abgase verursacht. Die Aufgabe der Lunge ist der Austausch mit der Umwelt, d.h. mit der Luft.

*Wenn dieser Austausch bedrohlich wird, d.h. wenn man sich nicht schützen und abgrenzen kann, sondern den Kontakt mit der Luft und im übertragenen Sinne wahrscheinlich mit anderen Menschen fürchtet, kommt es zu „Lungen-Stress".*

*Auch wenn die physischen Ursachen für Lungenkrebs offensichtlich sind, kann es sich lohnen, auch den psychischen Aspekt dieser Krankheit zu betrachten.*


## Tuberkulose

Diese Krankheit ist schon seit 500.000 Jahren bekannt – bereits der Homo erectus hat in der Altsteinzeit unter ihr gelitten.

Die Tuberkulose ist die Infektionskrankheit, die derzeit die meisten Todesfälle verursacht. Ca. ein Drittel der Weltbevölkerung ist von diesem Bakterium befallen, aber nur 10% von ihnen erkranken auch – die übrigen zeigen keinerlei Symptome. Von diesen 10% sterben jährlich ca. 1.500.000 Menschen – die Krankheit verläuft somit in ca. 20-25% der Fälle tödlich. Die Erkrankten haben in der Regel ein durch AIDS, Alkohol, Drogen, Hunger, Obdachlosigkeit u.ä. geschwächtes Immunsystem. Daher stammen die allermeisten Tuberkulose-Toten aus den Entwicklungsländern.

30% der Weltbevölkerung ist von dem Tuberkulose-Bakterium befallen, bei 3% bricht sie auch als Krankheit aus und bei ca. 1% verläuft die Krankheit tödlich. Die Tuberkulose-Bakterien befallen in den meisten Fällen die Lunge, aber auch andere Organe und selbst die Haut kann an ihnen erkranken.

Die Antikörper des Menschen können die Bakterien einschließen, aber sie können sie nicht ausscheiden. Daher vermehren sie sich (vor allem in der Lunge) und zerstören dann das Organ. Typische Symptome für Lungen-Tuberkulose sind Husten und Schweißausbrüche.

Die Krankheit wird fast immer durch Tröpfcheninfektion übertragen. Da auch Rinder an Tuberkulose erkranken können, ist sie früher in Westeuropa auch oft durch Milch übertragen worden.

*Als bakteriell verursachte Krankheit betrifft die Tuberkulose die körpereigenen Stoffe – das Bakterium frisst sozusagen Teile des menschlichen Körpers auf. Es fehlt also bei dem Erkrankten an einer effektiven Selbstverteidigung – möglicherweise auch in psychischer Hinsicht.*

*Es ist schwierig, den Zusammenhang zwischen einer Tuberkulose-Erkrankung und einem Mangel an Wehrhaftigkeit des Erkrankten festzustellen, weil die meisten Erkrankten in armen Ländern leben und sich in der Regel mit ihrem Überleben und nicht mit Psychologie oder Astrologie (Stellung des Mars = Kampfgeist) befassen werden. Der Umstand, dass die Krankheit nur in 10% der Fälle tatsächlich ausbricht und Symptome zeigt, könnte durchaus daran liegen, dass eben nur bei 10% der Menschen auch die Verteidigungsbereitschaft beeinträchtigt ist.*

*Fieber und Schwitzen sind generell Zeichen, dass der Körper einen Kampf gegen Bakterien führt – dies ist kein spezielles Tuberkulose-Symptom.*

*Dasselbe gilt für die Tröpfchen-Infektion, die man als ungeschützte Grenze deuten könnte, was der mangelnden Verteidigungsbereitschaft entsprechen würde.*

*Die Lunge ist das Organ, das in ständigem Kontakt mit der Luft und somit in ständigem Austausch mit der Umwelt ist – noch deutlich intensiver als dies bei der Haut der Fall ist, da die Lunge ständig Sauerstoff aufnimmt und Kohlendioxyd abgibt. Auch das häufige Erkranken der Lunge an Tuberkulose spricht für ihre Deutung als einer „Kontakt-Krankheit" oder „Verteidigungsdefizit-Krankheit".*

# Masern

Masern haben als Symptome rote Hautflecken, Fieber, Schnupfen, Husten, Rachenrötung und eine allgemeine Schwäche.

In ca. einem Viertel der Fälle treten als Folgekrankheit Durchfall oder eine Mittelohrentzündung oder eine Lungenentzündung auf.

Masern sind vor allem in Afrika weit verbreitet. Die Häufigkeit des Auftretens der Masern ist durch Schutzimpfungen im Zeitraum zwischen 1980 und 2013 weltweit um 95% reduziert worden.

Die Ansteckung erfolgt durch Tröpfcheninfektion über die Atemwege. Nach 5-7 Tagen treten die durch den Virus verursachten roten Hautflecken auf.

Eine Besonderheit des Masern-Virus ist, dass er nur den Mensch als Wirts-Organismus hat.

*Wie bei allen Virus-Erkrankungen ist die psychologische Entsprechung der Masern eine Identitätskrise. Da sich die Symptome vor allem an der Haut und in den Atemwegen zeigen, scheint das Thema der Kontakt zu sein – die Haut ist das Kontaktorgan zur Welt und die Lunge ist das Kontaktorgan zur Luft.*

*Masern könnten daher eine Krankheit sein, die dann auftritt, wenn man entweder Abgrenzungsschwierigkeiten („Nähe-Süchtiger") oder eine verhärtete Grenze („Nähe-Asket") hat.*

### *d) Heilungsansätze im 3. Haus*

Förderlich sind gute Luft, die Heilung von Kontaktschwierigkeiten, gute Gespräche, das Wiedererlernen des ungehemmten Spielens und die Förderung der Neugier.

# 4. Magen/Brüste

♋

*a) die Bedeutung des 4. Hauses*

Das 4. astrologische Haus steht für die Lebensbereiche, die der Empfindsamkeit des Sternzeichens Krebs entsprechen: Nähe, Kinder, Eltern, Familie, Heimat, Innigkeit.

Die Körperteile und Organe, die dem 4. Haus entsprechen, sind: **Magen, Lymphe, weibliche Brüste** (Hormone verteilen, Nähren, Nähe).

Wenn es in diesem Bereich zu Störungen kommt, entstehen Einsamkeit, Bemuttern, Anhänglichkeit, Festklammern, Mutterzentriertheit, Abhängigkeit, Symbiose …

Das Thema dieser Lebensbereiche und Körperzonen, die dem 4. Haus entsprechen, ist die Empfindsamkeit und der Familiensinn: eine Mutter.

Der Brüste-zentrierte Krebs-Stil des 4. Hauses reicht von „wärmend" über „nährend" bis zu „überbehütend".

Das **Thymus-Nebenchakra** (am oberen Ende des Brustbeins) hat dem Yoga und den alternativen Heilweisen zufolge die Aufgabe, die eigene Gesundheit gegenüber allen Arten von Eindringlingen und jede Art von Verfremdung von außen her zu schützen. Die Thymusdrüse, nach der dieses Nebenchakra benannt worden ist, ist für das Immunsystem (vor allem bei Kindern) zuständig.

Diese Verteidigungs-Funktion passt gut zu dem 4. Haus, in dem ja auch das „Innen" gegen das „Außen" geschützt wird.

Auch der Magen, der dem 4. Haus zugeordnet wird, hat u.a. eine schützende Funktion: Er ist im Verdauungstrakt, durch den ja Dinge von außen in den Körper aufgenommen werden, der letzte Ort, von dem das Aufgenommene noch wieder nach draußen zurückbefördert werden kann (Erbrechen). Alles, was über das 4. Haus hinaus in das Innere gelangt ist, wird anschließend im 5. Haus zu einem integrierten Teil des Leibes – oder in psychischer Hinsicht – zu einem Teil der Identität. Der Magen ist der „letzte Wächter".

**Pilz-Erkrankungen** im Brüste-Bereich legen den Verdacht nahe, dass sich die Kranke in Lebensumständen befindet, die Nähe und Geborgenheit fast unmöglich machen.

**Bakterien-Erkrankungen** im Brüste-Bereich legen die Vermutung nahe, dass diese „Kälte" und dieser „Hunger" in der eigenen Familie erlebt werden oder wurden.

**Viren-Erkrankungen** im Brüste-Bereich könnten darauf hinweisen, dass man selber Angst vor Nähe und Geborgenheit hat und sie daher vermeidet.

**Krebs-Erkrankungen** im Brüste-Bereich gehen wahrscheinlich auf einen Mangel an Möglichkeiten, das eigene Bedürfnis nach Nähe und Geborgenheit zu leben bzw. auf das einseitige Geben (und nicht Erhalten) von Nähe und Geborgenheit zurück.

**Degenerations-Erkrankungen** im Brüste-Bereich entstehen normalerweise durch Anpassung an widrige Lebensumstände.

**Unfälle** im Brüste-Bereich haben ihre Ursache vermutlich in einer Aggression auf die eigenen Nähe-Bedürfnisse oder auf die Nähe-Bedürfnisse von anderen (Mann, Kinder, Familienangehörige).

**Pilz-Erkrankungen** im Magen-Bereich legen den Verdacht nahe, dass man nicht in der Lage ist, Bekömmliches von Unbekömmlichem zu unterscheiden – oder dass man gar nicht erst die Wahl hat, sich etwas Bekömmliches auszusuchen.

**Bakterien-Erkrankungen** im Magen-Bereich legen die Vermutung nahe, dass man in der Familie „Dinge schlucken muss", die man lieber fernhalten würde, aber die man um des lieben Frieden willens oder aus Verlassenwerden-Angst eben trotzdem schluckt – und die einem dann „im Magen liegen".

**Viren-Erkrankungen** im Magen-Bereich könnten darauf hinweisen, dass man sich selber zwingt, Unangenehmes anzunehmen bzw. auf Angenehmes zu verzichten, was auf eine Askese-Haltung hinweisen könnte.

**Krebs-Erkrankungen** im Magen-Bereich gehen wahrscheinlich auf das dauerhafte Mitspielen bei Dingen, die man eigentlich ablehnt, zurück. Das können Taten, aber auch Worte und Gefühle sein, die andere von dem Kranken verlangen oder die dem

Kranken aufgezwungen werden – und wogegen sich der Kranke nicht ausreichend wehrt oder wehren kann.

**Degenerations-Erkrankungen** im Magen-Bereich entstehen normalerweise durch massive Fehlernährung oder Mangelernährung. Dies kann in der eigenen Haltung zum Essen (z.B. Essen als Ersatz für Nähe) und zum Genießen, aber auch in äußeren Umständen (Armut) begründet sein.

**Unfälle** im Magen-Bereich haben ihre Ursache möglicherweise in einer Autoaggression, die sich eigentlich auf den richtet, der dem Kranken die Nähe, Wärme und Nahrung verweigert.

### *c) konkrete Krankheiten im 4. Haus*

### Krebs

Krebs ist eine Überproduktion von Zellen, die so unkontrolliert vor sich gehen kann, dass sie das Gesamtsystem zerstört. Die Qualität, die hier das rechte Maß verloren hat, ist die Zellteilung, die Produktivität und die Kreativität. Brustkrebs ist eine der häufigsten Krebsarten.

*Es ist daher anzunehmen, daß der Kranke einen Teil seines Wesens derart vernachlässigt hat, dass sich in diesem Bereich ein großer Druck aufgebaut hat. Es besteht offenbar der Wunsch, bestimmte Dinge zu tun, aber man sieht sich nicht in der Lage, dies auch umzusetzen – was man wirklich tragisch nennen könnte.*

*Dieses ungenutzte und aufgestaute Potential wird auf den Körperteil übertragen, der dem Thema entspricht, in dem die Tatkraft blockiert worden und die Wünsche unerfüllt geblieben sind.*

*Krebs ist somit eine Jupiter-Krankheit – die Ziele und die Expansion des Jupiters sind blockiert worden und zeigen sich in dem Organ, das dem Bereich entspricht, in dem man seine Ziele nicht ausleben konnte. Dieser Bereich entspricht wahrscheinlich dem Haus, in dem der Jupiter im Horoskop steht.*

*Die weiblichen Brüste sind der Inbegriff der Ernährung und der Geborgenheit – an denen es den von Brust-Krebs betroffenen Frauen offenbar fehlt.*

# Gürtelrose

Diese offiziell als „Herpes Zoster" benannte Krankheit ist eine Folgekrankheit der Windpocken. CA. 98% der Menschen in Deutschland tragen den Windpocken-Virus auch nach Beendung der Krankheit in sich. Daher löst der Kontakt mit Herpes Zoster bei Personen, die noch keine Windpocken gehabt haben, zunächst einmal Windpocken aus.

Das Virus „überwintert" in den Nervenwurzeln des Rückenmarks und in den Ganglien der Hirnnerven. Das Virus greift also nicht nur den Bereich der körperdefinierenden Stoffe (Zellkerne) an, sondern auch noch die zentrale Steuerung des Körpers, d.h. die Nerven.

Im Normalfall „schläft" das Virus bei gesunden Menschen. Wenn ein Mensch jedoch alt und gebrechlich oder aus anderen Gründen geschwächt ist, kann das Virus wieder „aufwachen" und sich entlang der Nervenbahnen, an deren Wurzeln es „überwintert" hat, ausbreiten. Wenn dies geschieht, kommt es zu einer Entzündung des Nervs – er wehrt sich gegen den Virus. Durch diese Entzündung entstehen entlang des Nervs auf der Haut reiskorngroße Bläschen, die zunächst mit Wasser und später mit Lymphe gefüllt sind, dann eintrocknen und schließlich abfallen. Dieser Prozess dauert ca. drei Wochen.

Diese Bläschen können schmerzen und brennen und werden von Fieber und Müdigkeit begleitet.

Da die Nerven vom Rückenmark aus rund um den Körper laufen, bilden sie Ringe („Gürtel") aus roten Bläschen („Rosen").

In der Hälfte der Fälle befällt die Gürtelrose den Brustbereich, ansonsten meistens den Rücken, die Beine, die Arme und bisweilen auch das Gesicht. Der Befall der Augen, der Ohren, der Genitalien, des Blutes oder des gesamten Nervensystems durch die Gürtelrose ist recht selten.

Die Ansteckung mit Herpes Zoster kann nur auf ziemlich direktem Weg erfolgen, da das Virus außerhalb des Menschen nur zehn Minuten überleben kann. Die Ansteckung erfolgt daher in der Regel durch direkten Kontakt.

*Es lassen sich mehrere markante Merkmale dieser Krankheit bzw. dieses Virus erkennen:*

   *- Es greift wie alle Viren den Bereich der körperdefinierenden Stoffe an und*

*stellt daher im psychischen Bereich eine Identitätskrise dar.*

*- Das Virus nistet sich vor allem im Rückenmark ein, das die „zentrale Informationsleitung" im Menschen und auch das Organ ist, das für viele Reflexe zuständig ist. Das Thema dieser Krankheit ist folglich die Bewusstheit über das, was in einem selber geschieht (Hauptnervenbahn), und die Bewusstheit über die eigenen Reflexe.*

*- Das Virus nistet in fast allen Menschen. Es handelt sich also entweder um eine allgemeine Mensch/Virus-Symbiose oder um ein Problem, das fast alle Menschen haben.*

*- Die Gürtelrose ist eine „feurige Krankheit" (Entzündung, Fieber, Ausschlag), d.h. dass ein Kampf zwischen dem Körper und dem Virus stattfindet.*

*- Die Krankheit tritt nur dann auf, wenn man geschwächt ist.*

*- Die Symptome der Krankheit zeigen sich auf der Haut, d.h. auf dem Abgrenzungs- und Kontaktorgan.*

Aus diesen Merkmalen lässt sich schließen, dass die Krankheit eine Entsprechung zu einer unbewussten Lebensweise ist, die zu einer größeren Erschöpfung geführt hat. Dies wird dadurch bestätigt, dass die an einer Gürtelrose Erkrankten vorher geschwächt gewesen sind und diese Schwächung oft durch Stress verursacht worden ist.

Die Gürtelrose zeigt somit an, dass man auf eine Weise gelebt hat, die das eigene System geschwächt hat – und dass diese falsche Lebensweise wahrscheinlich auf falschen Vorstellungen über sich und das Leben beruht (da Nervenbahnen, d.h. das Bewusstsein betroffen sind). Diese falschen Vorstellungen haben wahrscheinlich mit Nähe und Abgrenzung zu tun (Haut).

Man könnte die Gürtelrose daher beinahe als eine „geistige Krankheit" bezeichnen.

### d) Heilungsansätze im 4. Haus

Förderlich sind Nähe, Wärme, Geborgenheit, Vertrauen, Freundschaften, Beziehungen, Urlaub, Kuren und manchmal auch Schwitzhütten-Zeremonien.

# 5.  Herz

♌

*a) die Bedeutung des 5. Hauses*

Das 5. astrologische Haus steht für die Lebensbereiche, die der Selbstbezogenheit des Sternzeichens Löwe entsprechen: Eigenständigkeit, Freiheit, Selbstbestimmtheit, Individualität, Selbstausdruck, Selbsttreue.

Die Körperteile und Organe, die dem 5. Haus entsprechen, sind: **Herz, Kreislauf** (selbstbestimmter Rhythmus).

Wenn es in diesem Bereich zu Störungen kommt, entstehen Geltungssucht, Groß-mannssucht, Selbstüberschätzung, Angeberei, Schüchternheit, Scham, Schuldgefühle …

Das Thema dieser Lebensbereiche und Körperzonen, die dem 5. Haus entsprechen, ist das „Ich" und das „selber": ein König im eigenen Leben.

Der Herz-zentrierte Löwe-Stil des 5. Hauses reicht von „großherzig" über „warm-herzig" bis zu „egozentrisch".

Das **Herzchakra** (in der Mitte der Brust) ist dem Yoga und den alternativen Heil-weisen zufolge der Ort, an dem die eigene Identität ruht. Das Herzchakra wird daher auch der „Tempel der Seele" genannt.

Das entspricht genau dem Streben des 5. Hauses nach Selbsterkenntnis, Selbsttreue und Selbstausdruck.

Das **Wunschbaum-Nebenchakra** (am unteren Ende des Brustbeins) verwandelt die Identität im Herzchakra über ihm zu den allgemeinen Wünschen im Sonnengeflecht unter ihm.

Dies ist die Konkretisierung der eigenen Identität, die auch noch zum 5. Haus gehört – zum Selbstausdruck.

**Pilz-Erkrankungen** im Herz-Bereich kommen nicht vor, da das Herz ein inneres Organ ist und keine Oberfläche nach außen hin hat.

**Bakterien-Erkrankungen** im Herz-Bereich legen die Vermutung nahe, dass man in seiner Familie nicht man selber sein kann.

**Viren-Erkrankungen** im Herz-Bereich könnten darauf hinweisen, dass man sich selber verboten hat, man selber zu sein.

**Krebs-Erkrankungen** im Herz-Bereich sind extrem selten, da das Herz der Individualität entspricht und es kaum möglich ist, diese Individualität ganz zu verdrängen und sie überhaupt nicht zu leben, was jedoch die Grundlage für einen Herzmuskel-Krebs wäre.

**Degenerations-Erkrankungen** im Herz-Bereich entstehen normalerweise durch Überbelastung oder zu wenig Belastung (Übung, Training). Hier könnten auch Größenwahn (Angeberei) und Minderwertigkeitskomplexe (Schüchternheit, Scham, Schuldgefühle) eine Rolle spielen.

**Unfälle** im Herz-Bereich haben ihre Ursache vermutlich in einer Autoaggression, die sich auf das ganze eigenen Wesen und den gesamten eigenen Charakter bezieht.

## *c) konkrete Krankheiten im 5. Haus*

### Herzrhythmusstörungen

Eine Frau hat Herzrhythmusstörungen, d.h. ihr Herzschlag ist nicht regelmäßig, sondern hat Extrasystolen („zusätzliche Schläge") und manchmal ein Vorhofflimmern (schnelle, unkoordinierte Kontraktionen in der vorderen Herzkammer).

Das Herz besteht vereinfacht gesagt aus zwei schlauchförmigen Muskeln und mehreren Ventilen. Durch das koordinierte Zusammenziehen der beiden Schlauchmuskeln und der sinnvollen Anordnung der Ventile wird das Herz zu einer Pumpe.

Diese Pumpe hat ein eigenes Rhythmus-System, d.h. es benötigt nicht das Gehirn oder das Rückenmark zur Aufrechterhaltung seiner Tätigkeit. Der Herzrhythmus ist somit autonom – wenn man ein Herz herausoperiert, schlägt es noch eine Zeitlang weiter, weil sich das Rhythmus-System im Herzen selber befindet.

Diese Pumpe ist bei Lebewesen ab ca. 2mm Größe notwendig, um alle Stoffe im Körper über die Blutbahnen gleichmäßig zu verteilen – um den Sauerstoff von den Lungen und die Nährstoffe von der Leber in die Zellen zu bringen und von dort aus das Kohlendioxyd und die Abfallprodukte wieder zur Lunge und zur Leber bzw. zur Niere zu transportieren.

Das Herz dient somit der Integration des Gesamtsystems – es ist der „Motor" des „logistischen Systems".

Störungen des Herzrhythmus können angeboren sein (Abweichungen vom normalen Aufbau des Herzens u.ä.), erworben sein (Verletzungen, Herzinfarkt, Vergiftungen usw.) und von außen her verursacht sein (Stromunfall, Vergiftungen, Angst u.a.). Herzrhythmusstörungen kommen zwar sehr häufig vor, aber treten bei den meisten Menschen nur selten in auffälliger Weise auf und werden daher kaum bemerkt. In Europa haben 2-3% der Menschen schwerere Herzrhythmusstörungen.

Da das Herz das Gesamtsystem auf eine rhythmische Weise versorgt und dadurch die meisten Einzelprozesse im Körper miteinander verknüpft, ist die Qualität des Herzens Bewegung, Rhythmus und Integration.

*Die psychische Entsprechung zu einer Herzrhythmusstörung sollte daher ebenfalls eine zumindest zeitweilig mangelhafte Integration und Steuerung der eigenen Persönlichkeit sein. Dabei könnte es sich sowohl um Überforderungen als auch um mangelnden Antrieb handeln. Es fehlt sozusagen die Selbstregulierung, über die das Herz in physischer Hinsicht verfügt.*

*In der Astrologie entspricht dem Herz das 5. Haus, das für den Selbstausdruck steht, und es entspricht auch der Sonne, die die Fähigkeit symbolisiert, Entscheidungen treffen zu können, die für das eigene Wohlergehen förderlich sind. Im Yoga findet sich als Entsprechung das Herzchakra, in dem man in der Meditation die eigene Identität (Seele) finden kann.*

*Man könnte eine Herzrhythmusstörung daher auch als eine (zeitweise) Identitäts-störung auffassen – wobei damit keine Schizophrenie oder etwas ähnlich Heftiges gemeint ist, sondern eher z.B. ein Mangel an solidem Egoismus im eigenen Leben.*

*Die eingangs erwähnte Frau hat in ihrem Horoskop Sonne und Saturn in Opposition stehen, wobei sich der Saturn im 5. Haus (Herz, Selbstausdruck) befindet. Der Saturn kann somit den Eigenrhythmus der Sonne und somit des Herzens blockieren – vor allem, wenn der Saturn die Argumente „Notwendigkeit", „Pflichterfüllung" und „Verantwortung" aufführt.*

*In diesem Fall wäre ein inneres Gespräch zwischen den beiden Planeten notwendig (wie bei einer Familienaufstellung), um beiden von ihnen wieder genügend Raum zu verschaffen und die Aufgaben der beiden zu sortieren: Das Herz ist für den Rhythmus und für die Integration zuständig, während die Aufgabe des Saturn in der Absicherung und in der Schaffung eines soliden Fundamentes besteht.*

### d) Heilungsansätze im 5. Haus

Förderlich sind Selbsterkenntnis, Selbsttreue und Selbstausdruck und als Hilfsmittel dafür Therapien, Traumreisen, Meditation u.ä.

Wahrscheinlich ist auch die Einbeziehung des Patienten in die Planung der Heilung, in die Auswahl der Methoden usw. ausgesprochen sinnvoll, da vor allem „Herzbetonte Menschen" sehr stark auf die Anerkennung des eigenen Willens reagieren. Hier ist also die „patient empowerment" angebracht.

# 6. Verdauung

♍

*a) die Bedeutung des 6. Hauses*

Das 6. astrologische Haus steht für die Lebensbereiche, die der Genauigkeit des Sternzeichens Jungfrau entsprechen: Ordnung, Details, Heilung, Reparatur, Therapie, Handwerk, Konstruktion, Analyse.

Die Körperteile und Organe, die dem 6. Haus entsprechen, sind: **Verdauungssystem** (Zwölffingerdarm, Leber, Galle, Bauchspeicheldrüse, Dünndarm, Blinddarm).

Wenn es in diesem Bereich zu Störungen kommt, entstehen Pedanterie, Unübersichtlichkeit, Detailversessenheit, Urteilsmangel, Verwirrung …

Das Thema dieser Lebensbereiche und Körperzonen, die dem 6. Haus entsprechen, ist das Ordnen und Heilen: ein Handwerker.

Der Verdauungs-zentrierte Jungfrau-Stil des 6. Hauses reicht von „sorgfältig" über „bestimmend" bis zu „chaotisch".

Das **Sonnengeflecht** (zwischen Brustbein und Nabel) hat dem Yoga und den alternativen Heilweisen zufolge die Aufgabe, die allgemeinen Wünsche in Bezug auf den eigenen Körper auszudrücken und umzusetzen und zudem die Lebenskraft im Körper zu lenken und zu verteilen.

Das entspricht offensichtlich den Verdauungs-Aufgaben des 6. Hauses, bei denen die durch die Darmwand aufgenommenen Stoffe im Körper verteilt werden.

*b) die sechs grundlegenden Erkrankungs-Arten des 6. Hauses*

**Pilz-Erkrankungen** im Verdauungs-Bereich legen den Verdacht nahe, dass man in einer Umgebung lebt, die nicht den eigenen Wünschen entspricht und von der man glaubt, dass man sie nicht ändern kann. Von dieser Umgebung erhält man nicht genügend Nahrung, Lebenskraft und Wertschätzung.

**Bakterien-Erkrankungen** im Verdauungs-Bereich legen die Vermutung nahe, dass dieser Mangel in der eigenen Familie zu finden ist. Wahrscheinlich wird solch ein Kranker ständig ausgenutzt.

**Viren-Erkrankungen** im Verdauungs-Bereich könnten darauf hinweisen, dass man sich selber nicht wertschätzt und dass man sich selber nicht genügend Nahrung und Lebenskraft beschaffen kann. Möglicherweise opfert sich solch ein Kranker ständig für andere auf.

**Krebs-Erkrankungen** im Verdauungs-Bereich gehen wahrscheinlich darauf zurück, dass der Kranke zu viel „geschluckt" hat, was ihm nicht bekommt und er daher gar nicht mehr sicher weiß, wer er ist und was er will und deshalb auch nicht das Leben führt, dass ihm eigentlich entsprechen würde.

**Degenerations-Erkrankungen** im Verdauungs-Bereich entstehen normalerweise durch langfristig falsche Ernährung – entweder, weil es nichts anderes zu Essen gibt oder weil man aus Suchtverhalten oder Askese das Falsche isst.

**Unfälle** im Verdauungs-Bereich haben ihre Ursache vermutlich in einer Autoaggression, die sich eigentlich auf diejenigen bezieht, die alles für sich beanspruchen.


### *c) konkrete Krankheiten im 6. Haus*

### **Candida albicans**

Dieser zu den Hefepilzen zählende Pilz befindet sich bei 75% aller Menschen im gesamten Verdauungtrakt, im Genitalbereich, zwischen den Fingern, zwischen den Zehen und auf den Finger- und Fußnägeln. Er ist bei fast allen Lebewesen mit konstanter Körpertemperatur zu finden.

Zu einer Krankheit wird dieser Pilz erst dann, wenn das Immunsystem geschwächt ist. Dies kann durch berufsbedingte ständig feuchte Haut, Rauchen, Alter, Übergewicht und eine allgemeine Immunschwächung z.B. durch AIDS entstehen.

Candida hat so vielfältige Symptome, dass die Krankheit nur durch eine gezielte ärztliche Untersuchung sicher festgestellt werden kann. Zu den Symptomen zählen Blähungen, Durchfall, Sodbrennen, Kopfschmerzen, Müdigkeit, Nierenschäden, Nagel- und Fußpilz, Allergien, Brennen im After und Genitalien, Zahnkaries, Blutvergiftung und eine allgemeine Schwächung des Immunsystems durch diesen ständigen Kampf gegen den Pilz.

*Diese Krankheit ist gewissermaßen eine Schwächung durch einen Mitbewohner, der sich breit gemacht hat, weil man dies zugelassen hat – dies ist auch schon die Beschreibung des psychologischen Aspektes dieser Krankheit.*

*Wie bei fast allen Pilzkrankheiten besteht die Lösung in dem Setzen von klaren Grenzen, die in materieller Hinsicht der physischen Sauberkeit entsprechen.*

## Gallensteine

Wie die Nierensteine sind auch die Gallensteine kristallin. Sie bilden sich, wenn es in der Galle ein Ungleichgewicht der löslichen Stoffe entsteht – die überschüssigen Stoffe fällen aus und kristallisieren.

10 bis 15% der Erwachsenen haben Gallensteine. Frauen haben doppelt so häufig wie Männer Gallensteine. Die Bildung von Gallensteinen wird durch Schwangerschaften gefördert – vermutlich weil die Schwangerschaft zu einem generellen Ungleichgewicht im Stoffwechsel führt, wie sich u.a. in dem bekannten Appetit der Schwangeren auf ausgefallene Dinge zeigt.

Die Erkrankung ist in den westlichen Industrieländern besonders häufig. Sie tritt jedoch noch häufiger bei den Indianern (60–70 %) auf. Bei Asiaten, bei Afrikanern südlich der Sahara und bei Afroamerikanern ist sie hingegen sehr selten.

Auch fettreiche Ernährung und das daraus resultierende Übergewicht sowie Diabetes (Zuckerkrankheit) fördern die Bildung von Gallensteinen. Es gibt auch eine genetisch bedingte Tendenz zur Bildung von Gallensteinen.

Wenn Gallensteine so groß geworden sind, dass sie die Gallenblase nicht mehr verlassen können und sie den Fluss der Gallenflüssigkeit behindern, kommt es zu Entzündungen, zu Schmerz im rechten oberen Bauch, zu Völlegefühl und Blähungen sowie zu Erbrechen, Schweißausbrüchen und evtl. zu Gelbsucht.

*Wie die Niere filtert die Galle nicht mehr benötigte Stoffe aus, sammelt sie und scheidet sie aus – die Niere filtert sie aus der Blutbahn und die Galle aus der Leber. Die Funktion ist dieselbe, aber die ausgefilterten Stoffe sind verschieden.*

*Gallensteine sind somit wie Nierensteine ein Zeichen dafür, dass die Abgrenzung und*

*„Reinhaltung" des Bereichs der körpereigenen Stoffe gestört ist. Während bei den Nierensteine eher eine Störung in der Fähigkeit, sich in der eigenen Familie abzugrenzen, vermutet werden kann, liegt bei den Gallensteinen möglicherweise eher die Aufnahme von Dingen, die ein Ersatz für das eigentlich Gewollte sind (zu viel essen), zugrunde.*

*Gallensteine sind somit mit dem „Kummerspeck" verwandt.*

## Gelbsucht

Die Gelbsucht, also die Gelbfärbung der Haut, der Schleimhäute und der Augen, ist ein Symptom, das durch verschiedene Leberkrankheiten (Gallensteine, Leberzirrhose, Hepatitis) verursacht werden kann.

Die Gelbfärbung entsteht durch eine Erhöhung der Konzentration von Bilurubin im Körper. Bilurubin ist ein Abbauprodukt des eisenhaltigen roten Blutfarbstoffs Hämoglobin, das für den Sauerstofftransport im Blut zuständig ist.

Die Ursachen für eine vermehrte Entstehung von Bilurubin durch Zerfall von Hämoglobin bzw. die verminderte Entsorgung von Bilurubin (mangelhafter Galleabfluß) liegt in den meisten Fällen in der Leber.

*Dieses Krankheitssymptom hat zwei Aspekte:*

*1. eine Störung des Sauerstofftransportes durch das eisenhaltige Hämoglobin – sowohl das Eisen als auch der Sauerstoff sind eine Mars-Entsprechung (Kraft, Tat);*

*2. die Leber, in der meistens die Ursache der Gelbsucht zu finden ist, ist ein Jupiter-Organ, da sie viele der im Körper benötigten Stoffe produziert.*

*Es hat somit den Anschein, als ob die Gelbsucht eine Störung von Mars und Jupiter wäre, dass der Betreffende also nicht in der Lage ist, seine Kraft (Mars) für seine Ziele (Jupiter) einzusetzen. Dies führt zu einem Zerfall des Hämoglobins, was in der Psyche einer Zerstörung der eigenen Kraft entspricht.*

*Bei einer Gelbsucht empfiehlt es sich daher, nach einem evtl. Aggressions-Stau Ausschau zu halten.*

## Leberkrebs

Die Leber ist sozusagen das Chemiewerk unter den Organen, das aus den einfachen Stoffen, die der Dünndarm aus der Speise aufgenommen hat, die vom Körper benötigten komplexen Stoffe herstellt.

*Die psychische Ursache von Leberkrebs ist daher dieselbe wie bei der Gelbsucht: Der Kranke hat offenbar irgendwann einmal aufgegeben, seine Lebensziele anzustreben und zu verwirklichen.*

### *d) Heilungsansätze im 6. Haus*

Förderlich sind Selbstbesinnung, Prüfung der Lebensumstände, evtl. auch Heilfasten, Klärung der eigenen Ziele und die Klarheit über die eigenen Bedürfnisse.

# 7. Entwässerung

$$\underline{\Omega}$$

### *a) die Bedeutung des 7. Hauses*

Das 7. astrologische Haus steht für die Lebensbereiche, die der Kontaktfreudigkeit des Sternzeichens Waage entsprechen: Freunde, Beziehungen, Schönheit, Harmonie, Einklang, Diplomatie.

Die Körperteile und Organe, die dem 7. Haus entsprechen, sind: **Nieren, Harnleiter** (Ausfiltern und Ableiten von Abfallprodukten aus dem körpereigenen System [Blut]).

Wenn es in diesem Bereich zu Störungen kommt, entstehen Abhängigkeit, Wankelmut, Rechtmachenwollen, Verschweigen, Harmoniesucht …

Das Thema dieser Lebensbereiche und Körperzonen, die dem 7. Haus entsprechen, ist das Verstehen und Harmonisieren: ein Diplomat.

Der Nieren-zentrierte Waage-Stil des 7. Hauses reicht von „kontaktfreudig" über „verbindend" bis zu „beziehungsüchtig".

Das **Nabel-Nebenchakra** hat dem Yoga und den alternativen Heilweisen zufolge die Aufgabe, die allgemeinen körperlichen Wünsche in eine körperliche Haltung zu übersetzen.

Das **Hara-Chakra** hat die Aufgabe, dafür zu sorgen, dass man sowohl in der reglosen Stille als auch in der Bewegung in sich selber ruht und standfest ist. Dieses Chakra ist daher für das Tanzen, den Kampf und den Rhythmus in der Sexualität wichtig.

Diese beiden Chakren werden von dem 7. Haus, in dem es um Beziehungen geht, gebraucht, um einerseits bei sich selber bleiben zu können und andererseits den anderen wahrnehmen und mit ihm kooperieren zu können – um eben mit dem anderen „tanzen" zu können.

**Pilz-Erkrankungen** im Nieren-Bereich sind unwahrscheinlich, da die Niere als inneres Organ keinen Kontakt zur Außenwelt hat.

**Bakterien-Erkrankungen** im Nieren-Bereich legen die Vermutung nahe, dass man sich in der Familie nicht genügend abgrenzen kann – man möchte wahrscheinlich einige und einiges aus der Familie rauswerfen, aber traut sich das nicht oder schafft das nicht.

**Viren-Erkrankungen** im Nieren-Bereich könnten darauf hinweisen, dass man sich selber verboten hat, sich zu schützen – vermutlich weil man fürchtet, dann verlassen zu werden.

**Krebs-Erkrankungen** im Nieren-Bereich gehen wahrscheinlich auf die dauerhafte Zurückhaltung der eigenen Aggression auf andere, mit denen man in irgendeiner Weise zusammenlebt, zurück.

**Degenerations-Erkrankungen** im Nieren-Bereich entstehen vermutlich durch eine Überbelastung der Nieren oder durch eine Funktions-Blockade der Nieren, da man sich selber das „Rauswerfen des Ungewollten" verboten hat.

**Unfälle** im Nieren-Bereich gegen vermutlich auf eine Autoaggression gegen die zurück, die einem das Leben schwer machen, aber die man einfach nicht los wird.

## *c) konkrete Krankheiten im 7. Haus*

### **Gicht**

Gicht ist eine Stoffwechselstörung, bei der nicht mehr genügend Purin durch die Nieren ausgeschieden wird. Purin ist eine chemische Verbindung, die u.a. für den Aufbau der DNS benötigt wird.

Purin wird vom Körper zu Harnsäure abgebaut, die, wenn sie nicht ausgeschieden wird, in den Gelenken abgelagert wird. Dort führt sie zu einer Veränderung der Knochensubstanz, die bis zu deren Abbau führen kann. Dies geht mit einer Rötung der Gelenke, die anschwellen und sich erhitzen, einher. Dieser Prozess geschieht anfallartig und wird von plötzlichen, heftigen Schmerzen begleitet. Sehr häufig ist das Großzehen-Grundgelenk als erstes von der Gicht betroffen.

Die eigentliche Gefahr bei der Gicht ist jedoch, dass es zu einem Nierenversagen kommen kann, was zum Tod führt.

Es muss jedoch nicht jeder, der erhöhte Harnsäurewerte hat, auch einen Gichtanfall erleiden – dies kommt nur bei 5% der betroffenen Personen vor.

*Die Niere ist ein Organ, das die nicht mehr benötigten Stoffe aus dem Bereich der körpereigenen Stoffe (Blut) entfernt. Auf die Psyche übertragen bedeutet dies, dass die Niere „das Nest sauber hält" und alles aus der Psyche entfernt wird, was ihr Schaden zufügen könnte. Diese Funktion ist bei der Gicht offenbar nicht mehr intakt. Die Schädigung der Gelenke zeigt, dass der Betreffende als Lösung seiner „Familienprobleme" (Bereich der körpereigenen Stoffe) eine Verhärtung und ein Stillhalten als Strategie benutzt – die allerdings nur zu einer Vergrößerung der Probleme und nicht zu deren Lösung führt.*

*Das meist als erstes betroffene Gelenk ist das Großzehen-Grundgelenk, das bei den Fußreflexzonen dem Hals entspricht, in dem sich das Halschakra befindet, das dann, wenn es heil ist, den ungehinderten sozialen Selbstausdruck ermöglicht und dessen Fehlen der Niere ihre Probleme bereitet hat: Die Niere ist nicht in der Lage gewesen, alles Störende auszuscheiden und dadurch die eigene Ordnung aufrechtzuerhalten.*

*Die Gicht ist eine sehr alte Krankheit – schon bei den Knochen der Dinosauriern ist Gicht nachgewiesen worden ...*

## Nierensteine

Nierensteine sind kristalline Ablagerungen in der Niere, die mit der Zeit immer größer werden können. Sie bestehen zu einem großen Teil aus schwerlöslichen Ionenverbindungen (Salze).

Die Bildung von Nierensteinen wird durch zu wenig Trinken und durch einen erhöhten Verzehr von Fleisch und Fisch gefördert. Nierensteine können auch als Folge von Gicht auftreten, bei der das in den Speisen und vor allem im Fleisch enthaltene Purin zwar noch zu Harnsäure abgebaut, aber nicht mehr ausgeschieden wird. Diese Harnsäure kann zu der Bildung von Nierensteinen beitragen.

Nierensteine können zu einem schmerzhaften Harnstau und zu einer Nierenschädigung führen.

5% der Menschen in Mitteleuropa haben Nierensteine. Am häufigsten treten sie im Alter zwischen 30 und 50 Jahren auf.

*Nierensteine sind eine Krankheit, in der die Niere ihre Aufgabe der Reinigung des Bereiches der körpereigenen Stoffe (Blut) nicht mehr vollständig erfüllen kann. In psychischer Hinsicht bedeutet dies einen Mangel an Klarheit und Selbstbestimmtheit in der Familie (Alter zwischen 30 und 50 Jahren).*

*Während es bei der Gicht zu Schmerzen in den Gelenken und Bewegungseinschränkungen kommt, führen Nierensteine auf Dauer zu einer Nierenschädigung. Die Gicht zeigt sich im Bewegungsapparat, die Nierensteine in der Ausscheidung.*

*Das Problem der mangelnden Abgrenzung und Selbstbestimmtheit äußert sich bei der Gicht somit in der Reduzierung der Eigeninitiative und der Eigenaktivitäten, während sich dasselbe Grundproblem bei den Nierensteine in der mangelnden Abgrenzung zeigt. Gicht entspricht somit eher der Lethargie (keine Bewegung) und Nierensteine der Resignation (keine Gegenwehr).*


### Nieren-Verletzung

Der Künstler Joseph Beuys verletzte sich 1960 nach einem Sturz auf einen Ofen eine seiner Nieren so sehr, dass sie entfernt werden musste.

Die Niere hat die Aufgabe, das, was nicht mehr gebraucht wird, aus dem Bereich der körpereigenen Stoffe, d.h. aus der Blutbahn zu entfernen.

*Eine Verletzung ist ein aggressiver Akt – dafür spricht auch, dass er auf einen Ofen (Feuer) gefallen ist. Daher könnte es sein, dass es eine blockierte Aggression in Beuys gegeben hat, die sich auf diese selbstverletzende Weise Ausdruck gesucht hat.*

*Das eigentliche Ziel dieser Aggression müsste sich in Beuys' Familie befunden haben, die zu jener Zeit nur aus ihm und seiner Frau bestanden hat. Diese Vermutung beruht darauf, dass die Niere die körpereigenen Stoffe reinigt und diese der Familie oder dem „Kreis der engen Vertrauten" entspricht. Es ist allerdings kein Ehestreit oder ähnliches von Beuys aus dieser Zeit bekannt.*

## Hohlkreuz

Bei einem Hohlkreuz sind die Rückenmuskeln angespannt, während die Bauchmuskeln schlaff sind. Der Rücken, d.h. die Rückenwirbel sind das Tragegerüst des Körpers – wenn die Muskeln dort verkrampft sind, versucht man offenbar viel zu „tragen". Der Bauch ist vor allem der Bereich, in dem sich die Nahrung befindet – wenn dieser Bereich schlaff und tendenziell überfüllt ist, besteht offenbar ein Mangelgefühl.

*Der Rücken strengt sich an, der Bauch erlebt Mangel – das könnte man auch Askese und Sucht nennen. Es scheint sich beim Hohlkreuz daher um eine Störung auf der oralen Ebene zu handeln, da die Geborgenheit und das Vertrauen, von der dieser Bereich im Idealfall geprägt ist, durch ungelöste Probleme in die polaren Extreme der Askese und der Sucht auseinanderfallen kann.*

## Hexenschuss

Ein Hexenschuss ist ein plötzlich im Lendenwirbelbereich auftretender Schmerz, der die Beweglichkeit einschränkt. Der Name zeigt, dass man früher dachte, dass Hexen unsichtbare Pfeile auf die Menschen schießen und sie dadurch verletzen würden. Vor der Verteufelung der germanischen und keltischen Priesterinnen-Zauberinnen zu Hexen schob man den Zwergen die Schuld an diesem Schmerz in die Schuhe und nannte diese Krankheit „Zwergenschuss".

Die Ursache des Hexenschusses kann sowohl eine plötzliche Fehlhaltung (Einklemmen des Ischias-Nerv, Muskelkrämpfe o.ä.) als auch eine langfristig entstandene Abnutzung sein.

*Die psychische Entsprechung zum Hexenschuss läßt sich am einfachsten über das Chakra erkennen, dass dem Lendenwirbelbereich entspricht: das Hara. Seine Funktion ist der innere Halt, der feste Stand, der Rhythmus der Bewegung, der Tanz, die Sexualität ...*

*Wenn dieser Halt verlorengeht, verkrampft man sich, was zu Schmerzen führt. Dieser Halt-Verlust könnte als eine innere Unstimmigkeit erkannt werden, aber wie es bei Menschen oft üblich ist, wird die Schuld einem äußeren Übeltäter zugeschoben – eben der Hexe mit ihren Pfeilen. Diese Sicht ist insofern zutreffend, als es im Außen jemanden geben wird, gegen den man sich nicht wehren konnte, der einen zur Überanstrengung angetrieben hat o.ä., aber die Ursache liegt trotzdem in der eigenen Haltung – sowohl im psychischen als auch im körperlichen Sinn.*

*Zur Veranschaulichung, wie ein Mensch mit einem gesunden Hara aussieht, kann man sich einmal Bilder von Sumo-Ringern oder Flamenco-Tänzerinnen anschauen – oder ganz einfach eine springende Katze.*

## <u>Nieren-Krebs</u>

Die Niere filtert die Stoffe aus dem Blut, die nicht mehr gebraucht werden bzw. die sogar schädlich sind.

*Sie arbeitet somit an der Grenze zwischen dem Bereich der körpereigenen Stoffe (Blut) und den körperfremden Stoffen, die dann zur Blase weitergeleitet und aus-geschieden werden (Urin). Nierenkrebs weist somit darauf hin, dass der Kranke nicht in der Lage ist, innerhalb seiner Familie (körpereigene Stoffe) Grenzen zu setzen und ein für sich selber gesundes Umfeld herzustellen.*

### *d) Heilungsansätze im 7. Haus*

Förderlich sind ein klarer eigener Standpunkt in der Familie, gute Freunde, neue Bekanntschaften und das Wahren der eigenen Unabhängigkeit in allen Begegnungen.

# 8. Urogenitalbereich

♏

## a) die Bedeutung des 8. Hauses

Das 8. astrologische Haus steht für die Lebensbereiche, die der Intensität des Sternzeichens Skorpion entsprechen: Sexualität, Kampf, Detektivarbeit, Strategie, Taktik, Überwindung, Durchsetzung.

Die Körperteile und Organe, die dem 8. Haus entsprechen, sind: **Dickdarm, After, Blase, Genitalien, Gebärmutter, Hoden:**

- körperfremder Bereich:
  - o Ausscheidung von körperfremden Stoffen: Dickdarm/After;

- körpereigener Bereich:
  - o Ausscheidung von körpereigenen Stoffen: Blase;

- körperdefinierender Bereich:
  - o Ausscheidung von körperdefinierenden Stoffen: Penis;
  - o Aufnahme von körperdefinierenden Stoffen: Vagina;
  - o Ausscheidung von Körpern: Geburt.

Wenn es in diesem Bereich zu Störungen kommt, entstehen Heftigkeit, Provokation, Eifersucht, Aggressivität, Unzufriedenheit …

Das Thema dieser Lebensbereiche und Körperzonen, die dem 8. Haus entsprechen, ist die Verwandlung und die Tiefe: ein Kriminalist.

Der Genitalien-zentrierte Skorpion-Stil des 8. Hauses reicht von „kriegerisch" über „berechnend" bis zu „dominant".

Das **Schamhaar-Nebenchakra** hat dem Yoga und den alternativen Heilweisen zufolge die Aufgabe, die konkreten körperlichen Wünsche in ein Erlebnis im Hier und Jetzt zu übersetzen und anzuregen.

Das **Wurzelchakra** hat die Aufgabe, das Hier und Jetzt zu erleben – und natürlich auch, das eigene Überleben in jeder Situation abzusichern.

Die Tätigkeiten dieser beiden Chakren entsprechen der Intensität, die typisch für alle Vorgänge im 8. Haus sind.

## *b) die dreimal sechs grundlegenden Erkrankungs-Arten des 8. Hauses*

**Pilz-Erkrankungen** im Dickdarm/After-Bereich legen den Verdacht nahe, dass der Kranke in einem allgemeinen Mangel lebt und daher keine Substanz loslassen kann. Man könnte hier auch Geiz als Ursache vermuten.

**Bakterien-Erkrankungen** im Dickdarm/After-Bereich legen die Vermutung nahe, dass sich dieser Mangel und dieser Geiz auf die Familie beziehen. Möglicherweise hat man das Gefühl, dass die anderen mehr geliebt werden als man selber.

**Viren-Erkrankungen** im Dickdarm/After-Bereich könnten darauf hinweisen, dass man sich selber die Fülle erst gar nicht zugesteht.

**Krebs-Erkrankungen** im Dickdarm/After-Bereich gehen wahrscheinlich auf ein langjähriges Mangel-Erlebnis zurück, an dem man auch schon lange nichts mehr zu ändern versucht.

**Degenerations-Erkrankungen** im Dickdarm/After-Bereich entstehen normalerweise aus ähnlichen Gründen wie der Krebs, der ja auch zu den Degenerations-Krankheiten zählt.

**Unfälle** im Dickdarm/After-Bereich haben ihre Ursache vermutlich in einem Hass auf den eigenen Geiz – oder auf den Reichtum der anderen.

**Pilz-Erkrankungen** im Blasen-Bereich legen den Verdacht nahe, dass man keine klare Grenze nach außen hat und nur selten wirklich sagt, was man denkt.

**Bakterien-Erkrankungen** im Blasen-Bereich legen die Vermutung nahe, dass die Schwierigkeit hier vor allem in der Familie bestehen.

**Viren-Erkrankungen** im Blasen-Bereich könnten darauf hinweisen, dass man sich selber verbietet, eine „klare Kante zu zeigen" und für die anderen unbequem zu sein.

**Krebs-Erkrankungen** im Blasen-Bereich gehen wahrscheinlich auf einen langfristigen Mangel an Abgrenzung zurück.

**Degenerations-Erkrankungen** im Blasen-Bereich entstehen ebenfalls durch einen langfristigen Mangel an Abgrenzung.

**Unfälle** im Blasen-Bereich haben ihre Ursache vermutlich darin, dass man am liebsten den anderen „alles vor die Füße kotzen würde", aber sich das nicht traut – oder dass man ihnen gerne mal „ans Bein pinkeln würde", aber sich das noch viel weniger traut.


**Pilz-Erkrankungen** im Genitalien-Bereich legen den Verdacht nahe, dass man in der Sexualität keine klare Wahl seiner Partner trifft, sondern entweder aus Sucht heraus handelt oder sich von anderen zur Sexualität drängen lässt.

**Bakterien-Erkrankungen** im Genitalien-Bereich legen die Vermutung nahe, dass man Stress in der Sexualität mit seinem Beziehungs-Partner hat.

**Viren-Erkrankungen** im Genitalien-Bereich könnten darauf hinweisen, dass man sich die eigene Sexualität verbietet.

**Krebs-Erkrankungen** im Genitalien-Bereich gehen wahrscheinlich auf langfristige Blockaden der Sexualität zurück – wobei natürlich nicht jede Form der Keuschheit oder des Zölibats notwendigerweise zu Hodenkrebs o.ä. führen muss.

**Degenerations-Erkrankungen** im Genitalien-Bereich entstehen normalerweise durch Überbelastung oder durch Unterbeschäftigung.

**Unfälle** im Genitalien-Bereich haben ihre Ursache vermutlich in Fehleinschätzungen in einer sexuellen Situation oder durch Autoaggression gegen die eigene Sexualität, wobei sich diese Aggression ursprünglich sehr wahrscheinlich gegen die Sexualität eines anderen gerichtet haben wird.

## c) konkrete Krankheiten im 8. Haus

### Scheidenpilz

Pilze setzen sich beim Menschen, auf der Schleimhaut (z.B. Scheidenpilz)

*Es handelt sich vom Thema her um „Kontaktstörungen" – schließlich steht der Pilz in „Kontakt" zu dem Menschen und lebt als Parasit in einer Symbiose-artigen Verbindung mit ihm. Es liegt daher nahe, bei Pilzerkrankungen danach zu schauen, ob sich der Betreffende von anderen Menschen abgrenzen kann.*

### AIDS

AIDS wird durch einen Virus verursacht, der das Immunsystem teilweise zerstört und dadurch den Körper hilflos gegen Krankheiten macht, gegen die er sich ansonsten gut zur Wehr setzen kann. Die AIDS-Erkrankten sterben also nicht an AIDS selber, sondern an den durch die Schädigung des Immunsystems ermöglichten Infektionskrankheiten und an Tumoren.

Zunächst treten grippeähnliche Symptome auf, auf die dann eine Pause folgt, die 9-11 Jahre lang dauert. Dann folgt die Phase, in der der Körper weitgehend schutzlos den Infektionskrankheiten und der Tumorbildung ausgeliefert ist, was ohne eine weitere Behandlung der AIDS-Erkrankung zum Tod führt.

AIDS wird durch Körperflüssigkeiten, d.h. durch Blut, Speichel, Sperma, Vaginalsekret und Muttermilch übertragen. Der Virus wird durch Schleimhäute und Wunden aufgenommen. Am häufigsten wird diese Krankheit durch Geschlechtsverkehr (ohne Kondom) übertragen.

Während AIDS in Mitteleuropa seltener geworden ist, sind in einigen afrikanischen Ländern 25% der Bevölkerung an AIDS erkrankt. Zur Zeit sterben ca. 1,2 Millionen Menschen jährlich an AIDS (8,8 Millionen an Hunger).

*Die psychologische Entsprechung zu dieser Krankheit ist recht einfach: eine Krise im eigenen Verteidigungssystem. Diese Fähigkeit wird normalerweise in der analen Phase erworben (sich abgrenzen, kämpfen, „Nein" sagen können).*

*Das Immunsystem besteht sozusagen aus den „Wächtern auf der Stadtmauer" des Körpers. Dies ist eine Mars-Funktion, was dazu passt, dass AIDS vor allem durch*

*Geschlechtsverkehr übertragen wird, was eine weitere Mars-Funktion ist.*

*Es wäre daher lohnend, die Horoskope von an AIDS erkrankten Menschen auf die Mars-Stellung in deren Horoskopen hin zu untersuchen.*


## Multiple Sklerose

Das zentrale Symptom dieser Krankheit, die oft als „MS" abgekürzt wird, ist die Auflösung der Myelinscheiden, die die Nerven umgeben – MS löst also die „Isolation der elektrischen Kabel" im Menschen auf. Dieser Vorgang ist entzündlich und chronisch, d.h. es wird ein Kampf geführt, der über lange Zeit hin andauert. Die Ursache dieser Krankheit, die in Europa die häufigste Krankheit des zentralen Nervensystems ist, ist nach wie vor ungeklärt und sie ist auch nicht heilbar.

MS führt in den meisten Fällen zu einer zunehmende Beeinträchtigung der Beweglichkeit und manchmal auch der Sinne. Diese Folgen entstehen dadurch, dass die Nerven selber nach dem Abbau des Myelins ebenfalls geschädigt werden.

*Diese Krankheit hat eine Reihe von Merkmalen, aus denen sich auf ihre psychische Entsprechung schließen lässt:*

> *- Die Myelinhülle der Nerven wird vermutlich durch eine fehlgeleitete Autoimmunreaktion zerstört. Der Körper zerstört somit selber den Schutz der eigenen Nerven, weil er diesen Schutz für einen Feind hält. In psychischer Hinsicht würde dies bedeuten, dass der Kranke seine Abgrenzung gegen andere auflöst, weil er glaubt, sich nicht abgrenzen zu dürfen. Diese Krankheit hätte somit eine deutliche Nähe zum Helfersyndrom, also zum „sich für andere aufopfern" und eigentlich selber Nähe und Hilfe brauchen.*

> *- Die Krankheit entsteht dezentral, d.h. an vielen Stellen gleichzeitig. Dies passt gut zu der Vermutung, dass sich das System bei dieser Krankheit selber angreift.*

> *- Die Krankheit bricht oft bei jungen Menschen aus. Sie hat also evtl. etwas mit der Ausbildung des Charakters zu tun.*

> *- MS ist bei Frauen doppelt so häufig wie bei Männern. Sie könnte daher damit zusammenhängen, dass Frauen nach wie vor benachteiligt werden und sozial bedingt nur selten dieselbe Autorität und Eigenständigkeit erlangen*

*können wie Männer.*

*- In der Äquatorialzone besteht eine deutlich geringe Wahrscheinlichkeit, an MS zu erkranken als in den nördlichen Breiten. Kinder, die in den Norden übersiedeln, übernehmen die dortige Krankheitswahrscheinlichkeit. Ältere Menschen behalten jedoch ihre niedrigere Krankheitswahrscheinlichkeit bei. Daraus ergibt sich, dass die Krankheit in größerem Maße durch Umweltfaktoren geprägt ist.*

*- Geschwisterkinder in den ersten sechs Jahren reduzieren das MS-Risiko sehr stark. Es wäre denkbar, dass die Gemeinschaft mit Geschwistern den Kindern eine emotionale Sicherheit gibt, die sie ohne sie nicht hätten. Wenn dies zutrifft, wäre MS zu einem guten Teil eine emotional bedingte Krankheit, die die Geborgenheit zum Thema hat – was dazu passt, dass MS den Schutz der Nerven abbaut.*

*- Rauchen steigert das Risiko um den Faktor 1,5 bis 1,8. Rauchen ist u.a. ein Ersatz für Geborgenheit ...*

*- Übergewicht in der Kindheit erhöht das MS-Risiko. Übergewicht ist oft an einen Mangel an Geborgenheit gekoppelt („Kummerspeck").*

*- Während einer Schwangerschaft ist das MS-Risiko deutlich geringer, in den drei Monaten nach der Entbindung jedoch deutlich erhöht. Auch hier scheint die Geborgenheit während der Schwangerschaft und die Trennung, also das Ende der Verbindung und der Geborgenheit das auslösende Thema zu sein.*

*- 50-90% der MS-Kranken haben Sexualstörungen. Sie sind bei Männern deutlich häufiger. Eine intakte Sexualität trägt deutlich zu einem geborgenen Lebensgefühl bei ...*

*Wenn man diese Symptome zusammennimmt, entsteht das Bild einer Krankheit, die durch den Mangel an Geborgenheit entsteht und bei der als vermeintliche Rettungsmaßnahme die eigene Geborgenheit und die eigene Grenze aufgelöst werden. Ein möglicherweise eng verwandtes psychisch-soziales Symptom ist das Helfersyndrom.*

*Aufgrund dieses Charakters der MS könnte man sie eine „Mond-Krankheit" nennen, da der Mond in der Astrologie genau die hier fehlenden Qualitäten darstellt. Eine astrologische Studie über die Stellung des Mondes in den Horoskopen von MS-Kranken könnte über diesen Punkt Gewissheit verschaffen.*

## Leistenbruch

Ein Leistenbruch ist eine Schwachstelle in der Hülle aus Muskeln, Sehnen und Bindegewebe, das den Bauchraum umgibt. In der Regel liegt sie in der Nähe der Genitalien am vorderen, unteren Bauch. An einer solchen Schwachstelle besteht die Gefahr, dass der Darm teilweise aus seiner Umhüllung tritt oder eingeklemmt wird.

Leistenbrüche sind eine der häufigsten Erkrankungen, die chirurgisch behandelt werden müssen. Der Leistenbruch kommt bei Männern neunmal so häufig vor wie bei Frauen, die offenbar eine belastungsfähigere Bauchhülle haben – die ja auch die große Belastung einer Schwangerschaft überstehen muss. Leistenbrüche kommen bei Kindern, Jugendlichen und alten Menschen häufiger vor als bei Erwachsenen.

Leistenbrüche entstehen durch einen zu hohen Innendruck des Bauches, der z.B. durch schwere Arbeit entstehen kann.

*Als Charakteristikum findet sich beim Leistenbruch Überanstrengung und ein Mangel an „innerem Zusammenhalt". Diese eher unspezifische Beschreibung entspricht der Häufigkeit der Krankheit.*

## Dickdarmkrebs

Eine wie der Brustkrebs ebenfalls häufig auftretende Krebsart ist der Dickdarmkrebs. Die Aufgabe des Dickdarms ist zum einen die Ausscheidung des Kots und zum anderen das Entziehen des Wassers aus dem im Dünndarm flüssigen Nahrungsbreis.

*Der Dickdarm hat also die Doppelfunktion des „Saugens" und des „Abgrenzens". Störungen in diesen beiden Bereichen treten oft gemeinsam auf, denn wer sich im Mangel befindet und daher „saugt", kann sich oft auch nicht klar „abgrenzen".*

## Prostatakrebs

Eine sehr schnell zum Tod führende Krebsart ist der Prostatakrebs. Die Prostata ist ein Organ, das sich nur bei Männern findet und unterhalb der Blase liegt. Die Aufgabe der Prostata ist die Produktion der Flüssigkeit, in der die Spermien beim Geschlechtsverkehr „schwimmen".

*Die Tätigkeit der Prostata bezieht sich also nicht auf die Spermien selber, die von den*

*Hoden produziert werden, sondern auf das Weiterleiten der Spermien. Während die Hoden zum Bereich der körperdefinierenden Stoffe gehören, zählt die Prostata zu dem Bereich der körpereigenen Stoffe. Der Prostatakrebs weist also nicht auf einen Identitätskonflikt hin (das würde zu Hodenkrebs führen), sondern auf ein Problem, die eigene Sexualität den eigenen Wünschen gemäß leben zu können.*

## Blasenkrebs

Die Funktion der Blase ist das Ausscheiden der Stoffe, die nicht mehr gebraucht werden.

*Beim Blasenkrebs hat der Kranke zwar die Fähigkeit, sich innerhalb der Familie abzugrenzen (die Niere funktioniert), aber er ist nicht in der Lage, dies auch zu zeigen bzw. die Konsequenzen zu tragen, weshalb sich in der Blase der Urin (und die Energie) staut.*

## Erbkrankheiten

Als „Erbkrankheit" werden diejenigen Krankheiten bezeichnet, die man von seinen Eltern über deren DNS „geerbt" hat. Es gibt eine große Anzahl verschiedener Krankheiten, die genetisch bedingt sind. Folglich gehören sie zu dem Bereich des 8. Hauses, das u.a. die Genitalien umfaßt.

*Erbkrankheiten sind offenbar keine individuelle Krankheit, sondern eine Familien-Krankheit. Man kann daher zumindest als Arbeitshypothese davon ausgehen, dass solche Krankheiten am ehesten durch auf die Familie bezogene Methoden wie z.B. Familienaufstellungen heilbar oder zumindest in ihren Auswirkungen begrenzbar sind. Die psychische Entsprechung für derartige Krankheiten sollten sich auch bei allen von dieser Krankheit betroffenen Familienmitgliedern finden.*

## Allergien

Allergien beruhen auf einer Störung des Immunsystems, das nicht mehr Freund und Feind unterscheiden kann und daher auch körpereigene oder unschädliche Stoffe angreift.

*Eine Allergie ist ein Kampf gegen einen vermeintlichen Feind, der eigentlich ein Freund ist. Man kann also davon ausgehen, dass dieser vermeintliche Feind die körperliche Entsprechung zu einem tatsächlichen Feind im Außen ist, gegen den sich der Betreffende nicht wehren kann oder will.*

*Um eine Allergie zu heilen, ist es daher notwendig, diesen äußeren Feind zu identifizieren und die damit verbundene Verteidigungshemmung aufzulösen, sodass der Betreffende gegen seinen eigentlichen Gegner kämpfen kann und nicht mehr gegen sich selber kämpft. Eine Allergie ist eine Autoaggression, also eine Wut, die man gegen sich selber gewendet hat, da man ihre Bewusstwerdung oder ihr Ausleben nicht ertragen könnte.*

*Häufige Entsprechungen sind „Getreideallergie = Vater" und „Milchallergie = Mutter". Es ist jedoch bei jeder Allergie notwendig, sich die Stoffe, die die Allergie auslösen, genau anzuschauen.*

*Die folgende Besprechung des Erschöpfungszustandes einer Frau ist ein Beispiel für eine spezielle Allergie.*

## Erschöpfungszustand

Eine Frau litt an Erschöpfungszuständen. Bei näherem Befragen stellte sich heraus, dass die Erschöpfung auf einer Allergie beruhte und dass diese Allergie insbesondere gegen die Pollen von Birken, Weiden und Pappeln besteht, wobei der allergische Ausschlag vor allem am Bauch unterhalb des Nabels auftritt und oft mit Kopfschmerzen verbunden ist.

Eine Allergie ist eine Störung des Immunsystems des Körpers, die darauf beruht, dass

a) der Körper irrigerweise bestimmte Stoffe (hier die Pollen) als bedrohlich einstuft und sich gegen sie verteidigt,

b) solch eine Reaktion am häufigsten dann zustande kommt, wenn der Körper schon durch Fremdstoffe (Chemikalien in der Nahrung, im Wasser und in der Luft) sehr gereizt ist, und

c) das Verteidigungssystem des Körpers auch durch psychischen Stress gereizt ist.

Daher kann man davon ausgehen, dass die betreffende Person Aggressionen verdrängt, sich daher in einer unterschwelligen Aggression befindet und sich diese Aggression einen Ersatzgegner, in diesem Fall die Pollen gesucht hat.

*Die Erschöpfung dieser Frau ist daher primär auf ihre Aggressionsverdrängung und sekundär auf die Belastung des Körpers durch die Allergie zurückzuführen.*

*Es stellt sich nun die Frage, warum sich die Allergie gerade gegen die Pollen der Birke, der Weide und der Pappel richtet. Zunächst fällt einmal auf, dass die Pollen die männlichen Samen, also die Entsprechung zum menschlich-männlichen Sperma sind, was auf ein sexuelles Thema schließen lässt, das mit einer Aggressionsverdrängung verbunden ist.*

*Warum richtet sich die Allergie nun gerade gegen die Pollen dieser drei Bäume und nicht gegen die von Rose, Butterblümchen und Apfel?*

*Das besondere an der Birke ist, dass sie zum einen eine Pionierpflanze ist, dass sie sich fast immer als erste auf Lichtungen und in Windbrüchen ansiedelt, und dass sie eine sehr große Menge Wasser in ihrem Holz transportiert – wenn man eine Birke fällt, läuft noch einige Stunden lang Saft aus dem Wurzelstock. Die Weide ist ein wasserliebender Baum und ist extrem regenerationsfähig. Die Pappel ist in der Lage, das Wasser in ihrem Stamm in sehr große Höhen zu transportieren. Alle drei Bäume sind botanisch nahe Verwandte und mit dem Wasser verbunden.*

*Diese Bäume symbolisieren also den Wassertransport im Körper und die mit diesem Wasser verbundene Lebenskraft.*

*Wenn man nun den Wassertransport in große Höhen und die mit ihr verbundene Lebenskraft sowie die verdrängte Sexualität und Aggression zusammennimmt, dann ergibt sich die Assoziation zu der Sushumna aus dem Yoga, also zu dem Kanal, in dem die Lebenskraft als Tummo-Feuer (Kundalini) das Rückgrat hinaufsteigt.*

*Man kann also mutmaßen, dass sich bei der betreffenden Frau eine Blockade in der Sushumna befindet, die die Sexualität und die Aggression blockiert, was dadurch bestätigt wird, das sich der allergische Ausschlag in der Gegend des Hara-Chakras befindet, wo man auch die Blockade der Sushumna erwarten sollte, wenn die Lebenskraft durch eine Blockade der Sexualität, die sich ja im Wurzelchakra unter dem Hara-Chakra befindet, verursacht worden ist.*

*Die Kopfschmerzen, die zusammen mit der Allergie auftreten, weisen auf die Polarität zwischen dem Hara und dem Dritten Auge hin, wobei hier das Hara der Ort des*

Energiemangels und das Dritte Auge der Bereich des Energiestaus ist.

Man kann also davon ausgehen, dass die betreffende Frau in der Welt zurecht-zukommen versucht, indem sie es allen recht macht (Energiestau im Dritten Auge), und dass sie leicht aus dem Gleichgewicht zu bringen ist (Engergiemangel im Hara).

Nun gibt es in der Steinheilkunde einen Stein, der genau die Qualitäten dieser drei Bäume hat – der Feueropal. Er entsteht in heißen Geysiren, also an einem Ort, an dem heißes Wasser aufsteigt. In diesem heißen aufsteigenden Wasser ist Silicium-dioxyd und Eisenoxyd (Mars) gelöst, das sich dann in den Ablagerungen rund um den Geysir erst zu einem Gel und dann zu einem rötlichen Stein verbindet. Dieser Stein wirkt sehr schnell und heftig und macht fröhlich, impulsiv und begeistert und entfacht auch verdrängtes sexuelles Feuer (beim Sex treten ja auch „heiße" Flüssigkeiten auf) und führt bisweilen zu Nasenbluten (Blut = heiße Flüssigkeit; Nase entspricht Genitalien) oder einer heftig laufenden Schnupfennase (wieder eine heiße Flüssigkeit).

Daher könnte man der betreffenden Frau einmal einen Feueropal auf den allergi-schen Ausschlag auflegen und schauen, ob dies genügt, um das gestaute Feuer (die Lebenskraft) wieder in Gang zu bringen. Dabei ist die Analogie zwischen dem aufsteigenden Tummo-Feuer (Kundalini), dem aufsteigenden Sperma, den Pollen der Bäume, dem aufsteigenden Wasser in den Bäumen und dem aufsteigenden heißen Wasser im Geysir sowie die marsische Symbolik des Eisens in dem Feueropal die Grundlage für diesen Versuch.

Bisweilen, wenn die Blockade zu stark ist, reagiert man auch statt mit einem Auf-steigen der Lebenskraft mit Nasenbluten – eine heiße, eisenhaltige, rote Flüssigkeit voller Lebenskraft steigt nach oben und sucht sich einen Weg nach draußen. Das Nasenbluten ist in diesem Fall offensichtlich eine Umleitung der Lebenskraft, deren Anregung vom Körper und der Psyche zwar nicht verhindert, aber doch immerhin in die symbolische Entsprechung zu den Genitalien im Gesicht (Nase) „abgelenkt" werden kann. Die betreffende Frau ist in diesem Fall offenbar noch nicht bereit, so schnell die Blockade ihrer Sexualität aufzugeben.

Bei der Betrachtung ihres Horoskops zeigte sich, dass sie den Mond und den Pluto in Konjunktion miteinander im 1. Haus stehen hat. Der Mond ist die Nähe und die Geborgenheit, aber auch die Flüssigkeiten; der Pluto ist die Intensität, das Existentielle und die Fixierung. Diese Konjunktion entspricht den „aufsteigenden, heißen Flüssigkeiten".

Diese Konjunktion hat ein Quadrat zu der Konjunktion von Sonne und Venus, also zu

*Wille und Gefühl. Da ein Quadrat eine Trennung darstellt, die entweder erlitten und daher leidvoll oder aber gewollt und daher raumschaffend ist, beschreibt dieses Quadrat offenbar den Stress, der ersatzweise als Allergie ausgelebt worden ist und der zu der Schwächung geführt hat.*

### d) Heilungsansätze im 8. Haus

Förderlich sind Lebensintensität, eine Heilung der Sexualität, Mut, Bereitschaft zur Aggression, Abgrenzungsfähigkeit und Loslassen.

# 9. Oberschenkel/Oberarme

### a) die Bedeutung des 9. Hauses

Das 9. astrologische Haus steht für die Lebensbereiche, die dem Idealismus des Sternzeichens Schütze entsprechen: Streben, Reisen, Reden, Begeisterung, Zielstrebigkeit, Engagement.

Die Körperteile und Organe, die dem 9. Haus entsprechen, sind: **Oberschenkel, Oberarme** (generelle Ausrichtung auf ein Ziel hin und Bewegung zu diesem Ziel hin)

Wenn es in diesem Bereich zu Störungen kommt, entstehen Genussunfähigkeit, Ruhelosigkeit, Drängelei, Überanstrengung …

Das Thema dieser Lebensbereiche und Körperzonen, die dem 9 Haus entsprechen, ist das Ideal und das Streben: ein Projektleiter.

Der Oberschenkel-zentrierte Schütze-Stil des 1. Hauses reicht von „kraftvoll" über „zielorientiert" bis zu „ruhelos".

Die beiden **Oberschenkel-Nebenchakren** haben dem Yoga und den alternativen Heilweisen zufolge die Aufgabe, in der Welt zielstrebig dorthin zu gelangen, wo man hinwill.

Die beiden **Oberarm-Nebenchakren** haben die Aufgabe, die Aktivität an den richtigen allgemeinen Ort zu lenken.

Das entspricht der Zielstrebigkeit des 9. Hauses.

### b) die zweimal sechs grundlegenden Erkrankungs-Arten des 9. Hauses

**Pilz-Erkrankungen** im Oberschenkel-Bereich legen den Verdacht nahe, dass man sich von seiner Umwelt daran gehindert fühlt, zu dem Ort zu gehen und an dem Ort zu leben, den man selber ausgewählt hat.

**Bakterien-Erkrankungen** im Oberschenkel-Bereich legen die Vermutung nahe, dass es die Familie ist, die den Kranken daran hindert, an den gewünschten Ort zu gehen.

**Viren-Erkrankungen** im Oberschenkel-Bereich könnten darauf hinweisen, dass der Kranke sich selber verboten hat, an dem gewünschten Ort zu gehen.

**Krebs-Erkrankungen** im Oberschenkel-Bereich deuten wahrscheinlich auf eine dauerhafte Blockade der eigenen „Auswanderungs-Wünsche" hin.

**Degenerations-Erkrankungen** im Oberschenkel-Bereich entstehen normalerweise durch Über- oder Unterbelastung des Oberschenkels, in dem die Kraft liegt, weite Wege zurückzulegen.

**Unfälle** im Oberschenkel-Bereich haben ihre Ursache vermutlich darin, dass man an einen Ort gehen will, aber das zugleich auch nicht will.


**Pilz-Erkrankungen** im Oberarm-Bereich legen den Verdacht nahe, dass man gerne etwas tun würde, aber sich nicht traut, sich zu dem Betreffende zu wenden.

**Bakterien-Erkrankungen** im Oberarm-Bereich legen die Vermutung nahe, dass dem Kranken etwas von seiner Familie „verboten" worden ist.

**Viren-Erkrankungen** im Oberarm-Bereich könnten darauf hinweisen, dass er sich diese Handlungen selber verbietet.

**Krebs-Erkrankungen** im Oberarm-Bereich gehen wahrscheinlich auf eine langfristige Blockade von Handlungen zurück.

**Degenerations-Erkrankungen** im Oberarm-Bereich entstehen normalerweise durch Über- oder Unterbelastung.

**Unfälle** im Oberarm-Bereich haben ihre Ursache vermutlich in dem heftigen Wunsch, etwas Bestimmtes zu tun, und in dem ebenso heftigen Verbot, genau das zu tun.

## Beinbruch

Ein Beinbruch führt zu einer vorübergehenden Unfähigkeit zu gehen.

*Die Deutung ist zunächst recht einfach: Fehlgeleitete Aggression in Bezug auf eine „Bewegung im Leben" führt zu einem Bruch des Bewegungsorgans. Die spezielle psychische Situation ergibt sich durch die Umstände des Unfalls und durch den Knochen, der gebrochen wurde.*

## Armbruch

Ein Armbruch lässt sich ganz ähnlich deuten wie der Beinbruch, denn er führt zu einer vorübergehenden Unfähigkeit zu handeln.

*Fehlgeleitete Aggression in Bezug auf eine „Handlung im Leben" führt zu einem Bruch des Handlungsorgans. Die spezielle psychische Situation ergibt sich auch hier wieder durch die Umstände des Unfalls und durch den Knochen, der gebrochen wurde.*

### *d) Heilungsansätze im 9. Haus*

Förderlich sind die Klärung der Ziele, der Ideale und der Methoden, wie diese Ziele möglichst schnell erreicht werden können.

# 10. Knie/Ellenbogen

♑

*a) die Bedeutung des 10. Hauses*

Das 10. astrologische Haus steht für die Lebensbereiche, die der Beständigkeit des Sternzeichens Steinbock entsprechen: Fundament, Geschichte, Autoritäten, Gesetze, Sachkundigkeit, Dauerhaftigkeit.

Die Körperteile und Organe, die dem 10. Haus entsprechen, sind: **Knie, Ellenbogen** (Übergang von der allgemeinen Bewegung [Oberarm] zu der Bewegung „vor Ort". [Unterarm]).

Wenn es in diesem Bereich zu Störungen kommt, entstehen Starrsinn, Machtgier, Depressionen, Lebensangst …

Das Thema dieser Lebensbereiche und Körperzonen, die dem 10. Haus entsprechen, ist die Zuverlässigkeit und die Dauer: ein Bewahrer.

Der Knie-zentrierte Steinbock-Stil des 10. Hauses reicht von „verlässlich" über „halt-suchend" bis zu „sturköpfig".

Die beiden **Knie-Nebenchakren** haben dem Yoga und den alternativen Heilweisen zufolge die Aufgabe, vor Ort die Vielfalt der Schritte zu lenken.

Die beiden **Ellenbogen-Nebenchakren** haben die Aufgabe, vor Ort die Vielfalt der Armbewegungen zu lenken.

Diese beiden „Arbeits"-Nebenchakren entsprechen dem 10. Haus. Das 9. Haus, das den Oberschenkeln und den Oberarmen entspricht, lenkt die Gesamtbewegungen auf ein Ziel – das 10. Haus koordiniert die vielen Bewegungen, die dann an diesem Zielort gemacht werden. Das Wesen der Knie und des 10. Hauses kann man am deutlichsten in der Tätigkeit der Knie beim Treppensteigen erleben.

**Pilz-Erkrankungen** im Knie-Bereich legen den Verdacht nahe, dass man sich an einem Ort befindet und dort „umhergeht", an dem man gar nicht sein will und an den man sich „durch die äußeren Umstände" gedrängt fühlt.

**Bakterien-Erkrankungen** im Knie-Bereich legen die Vermutung nahe, dass der Druck, an diesem ungewollten Ort zu bleiben, aus der Familie kommt.

**Viren-Erkrankungen** im Knie-Bereich könnten darauf hinweisen, dass man es sich selber verbietet, an einen anderen Ort zu gehen.

**Krebs-Erkrankungen** im Knie-Bereich gehen wahrscheinlich auf eine langandauernde ungewollte Arbeit oder Tätigkeit zurück.

**Degenerations-Erkrankungen** im Knie-Bereich entstehen normalerweise durch Über- oder Unterbelastung.

**Unfälle** im Knie-Bereich haben ihre Ursache vermutlich recht häufig in einer unbewussten Selbstblockade, durch die man seine ungewollte Tätigkeit an dem ungewollten Ort zwangsweise beenden kann. Es handelt sich hier um eine Autoaggression, die ein Mittel zum Zweck ist.


**Pilz-Erkrankungen** im Ellenbogen-Bereich legen den Verdacht nahe, dass man zu viel Dinge arbeitet, die man gar nicht tun will.

**Bakterien-Erkrankungen** im Ellenbogen-Bereich legen die Vermutung nahe, dass es die Familie ist, die den Kranken zu dieser Arbeit oder sonstigen Tätigkeit gedrängt hat.

**Viren-Erkrankungen** im Ellenbogen-Bereich könnten darauf hinweisen, daß man sich selber zwingt, etwas zu tun, was man eigentlich gar nicht tun will – möglicherweise als Selbstbestrafung.

**Krebs-Erkrankungen** im Ellenbogen-Bereich gehen wahrscheinlich auf eine langandauernde ungewollte Arbeit oder Tätigkeit zurück.

**Degenerations-Erkrankungen** im Ellenbogen-Bereich entstehen normalerweise durch Über- oder Unterbelastung.

**Unfälle** im Ellenbogen-Bereich haben ihre Ursache vermutlich recht häufig in einer unbewussten Selbstblockade, durch die man eine ungewollte Arbeit oder Tätigkeit zwangsweise beenden kann. Es handelt sich hier um eine Autoaggression, die ein Mittel zum Zweck ist.

Erkrankungen der Knie, der Ellenbogen und des Kiefergelenks treten oft zusammen auf, da sie einander in ihren Funktionen weitgehend entsprechen.

### *c) konkrete Krankheiten im 10. Haus*

## **Knieschmerzen**

Ein Mann hatte immer wieder teilweise heftige und meistens plötzlich auftretende Schmerzen in beiden Knien. Dies begann schon in der Schulzeit und setzte sich bis ins Alter von 35 Jahren fort. Von einem Arzt wurde ihm geraten, keinerlei Sport mehr zu treiben, eine andere Diagnose lautete fortgeschrittene Abnutzung, ein dritter Arzt prophezeite ihm, dass er nicht mehr lange werde laufen können.

*Durch sein Horoskop erkannte der Mann schließlich, dass seine Knieschmerzen mit seinem Pluto im 10. Haus in Zusammenhang stehen – das 10. Haus entspricht den Knien. Sein Pluto stand im Quadrat zu seinem Saturn im 2. Haus, das den Hals darstellt – er hatte im Alter von 5 Jahren Mandeln und Polypen entfernt bekommen und er hatte im Hals einen Bandscheibenvorfall (Saturn = Knochen). Die beiden Planeten an den beiden Enden des Quadrates hatten sich offenbar gegenseitig geschädigt.*

*Durch innere Gespräche mit seinen Knien erkannte der Mann nach und nach, dass er zu oft nicht auf sein Gespür hörte, was für ihn richtig war. Durch diese Gespräche mit seinen Knien konnte er innerhalb von ein paar Jahren seine Knieprobleme vollständig heilen und dann die Zugspitze besteigen und an einem Halbmarathon teilnehmen (und ohne Training eine gute Position im vorderen Drittel erreichen).*

*Seine Haupterkenntnis war, dass er das Wesentliche (Pluto) von dem Dauerhaften (Saturn) getrennt halten musste (Quadrat), d.h. dass er niemals versuchen sollte, einer Sache, die ihm wirklich wichtig war, eine feste Form zu geben (wie z.B. heiraten).*

## Ellbogen-Schmerzen

Ein Mann bekam plötzlich heftige Ellbogen-Schmerzen.

*Der Ellbogen ist der Übergang vom öffentlichen Bereich (Oberarm) zu dem privaten Bereich (Unterarm). Es hat also den Anschein, als ob ein anstehender Impuls nicht den Weg von Innen (Leib) nach außen finden würde und blockiert wird, bevor er in den Familien-Bereich gelangen kann. Nach einigem Nachfragen stellte sich heraus, dass der betreffende Mann sich davor fürchtete, seiner Frau zu sagen, dass er sich von ihr trennen will ...*

### d) Heilungsansätze im 10. Haus

Förderlich sind Aufrichtigkeit, Standfestigkeit, Realismus und Mut für die notwendigen Veränderungen im eigenen Leben.

# 11.  Unterschenkel/Unterarme

≈≈≈

### a) die Bedeutung des 11. Hauses

Das 11. astrologische Haus steht für die Lebensbereiche, die der Utopie des Sternzeichens Wassermann entsprechen: Überblick, Theorie, Solidarität, Allgemeingültiges, Weltenbürgertum.

Die Körperteile und Organe, die dem 11. Haus entsprechen, sind: **Unterschenkel, Unterarme** (Bewegungen an dem Ort, an den man gelangen will, also Bewegungen „vor Ort").

Wenn es in diesem Bereich zu Störungen kommt, entstehen Abgehobenheit, Verkopftheit, Theoretisieren, Rastlosigkeit, Revolutions-Besessenheit …

Das Thema dieser Lebensbereiche und Körperzonen, die dem 11. Haus entsprechen, ist die Abstraktion und die Utopie: ein Professor.

Der Unterschenkel-zentrierte Wassermann-Stil des 11. Hauses reicht von „weitblickend" über „theoretisierend" bis zu „Wolkenkuckucksheim-Bewohner".

Die beiden **Unterschenkel-Nebenchakren** haben dem Yoga und den alternativen Heilweisen zufolge die Aufgabe vor Ort eine Vielfalt von Schritten auszuführen.

Die beiden **Unterarm-Nebenchakren** haben die Aufgabe, vor Ort eine Vielfalt von Handlungen auszuführen.

Durch diese Vielfalt von Schritten und Bewegungen werden die Menschen und Dinge auf sinnvolle Weise miteinander zu einer Funktionseinheit koordiniert – was das Wesen des 11. Hauses ist.

### b) die zweimal sechs grundlegenden Erkrankungs-Arten des 11. Hauses

**Pilz-Erkrankungen** im Unterschenkel-Bereich legen den Verdacht nahe, dass man mit den Menschen an dem Ort, an dem man ist, nicht zurechtkommt. Man befindet sich nicht unter Gleichgesinnten, wie es sich das 11. Haus eigentlich wünscht, sondern wird von „Wadenbeißern" malträtiert, damit man sich anpaßt.

**Bakterien-Erkrankungen** im Unterschenkel-Bereich legen die Vermutung nahe, dass dieser Druck aus der Familie kommt und dass man sich wie ein Fremder in der eigenen Familie fühlt.

**Viren-Erkrankungen** im Unterschenkel-Bereich könnten darauf hinweisen, dass man es sich erst gar nicht zugesteht, an den Ort zu gehen, an denen die Gleichgesinnten sind.

**Krebs-Erkrankungen** im Unterschenkel-Bereich gehen wahrscheinlich auf einen langjährigen Aufenthalt unter nicht-Gleichgesinnten zurück.

**Degenerations-Erkrankungen** im Unterschenkel-Bereich entstehen normalerweise durch Über- oder Unterbelastung.

**Unfälle** im Unterschenkel-Bereich haben ihre Ursache vermutlich in der Aggression auf diese nicht-Gleichgesinnten, die sich dann zu einer Autoaggression gewandelt hat.


**Pilz-Erkrankungen** im Unterarm-Bereich legen den Verdacht nahe, dass der Kranke nicht gut mit den anderen zusammenarbeiten kann und sich durch sie eher behindert als gefördert fühlt.

**Bakterien-Erkrankungen** im Unterarm-Bereich legen die Vermutung nahe, dass diese hinderlichen und „unangenehmen" Menschen die eigene Familie sind.

**Viren-Erkrankungen** im Unterarm-Bereich könnten darauf hinweisen, dass man sich selber verbietet, in einer Umgebung mit förderlichen Menschen handeln zu können.

**Krebs-Erkrankungen** im Unterarm-Bereich gehen wahrscheinlich auf einen langjährigen Aufenthalt unter nicht-Gleichgesinnten zurück.

**Degenerations-Erkrankungen** im Unterarm-Bereich entstehen normalerweise durch Über- oder Unterbelastung.

**Unfälle** im Unterarm-Bereich haben ihre Ursache vermutlich in der Aggression auf diese nicht-Gleichgesinnten, die sich dann zu einer Autoaggression gewandelt hat.

## c) konkrete Krankheiten im 11. Haus

## Rheuma

Rheuma ist ein sehr vielfältiges Krankheitsbild, das 200-400 einzelne Krankheits-
bilder umfasst, die z.T. recht verschieden sind. Daher gibt es unter Ärzten den Spruch
„Was man nicht erklären kann, sieht man gern als Rheuma an …"

Rheuma kann an den Knochen, den Muskeln und den Organen auftreten und ist
meistens entzündlich. Eine der bekanntesten Formen ist die Sehnenscheidenentzün-
dung im Unterarm. Rheuma geht mit Schmerzen einher und kann über Schwellungen
und Umbildungen bis zur Unbrauchbarkeit von Gelenken u.ä. führen.

Rheuma beinhaltet meistens auch eine Störung des Autoimmunsystems, das das
„Verteidigungsministerium" des Menschen ist. Frauen scheinen anfälliger für Rheuma
zu sein als Männer. Rauchen erhöht die Wahrscheinlichkeit, in späteren Jahren an
Rheuma zu erkranken, sehr stark.

*Die Störung des Autoimmunsystems und die Entzündungen weisen auf einen Kampf
des Körpers hin, der nicht mehr klar ausgerichtet ist. Auch die Schwellungen und die
Verformungen von Gelenken u.ä. lassen nach dem Grundsatz „Die Folgen haben
Ähnlichkeit mit den Ursachen" vermuten, dass der Betreffende sich dem Druck
ausgesetzt sieht, anders zu handeln, als er eigentlich will. Das würde auch gut dazu
passen, dass in unserer noch immer patriarchal geprägten Kultur Frauen öfter an
Rheuma erkranken als Männer.*

*Rheuma scheint daher eine Krankheit zu sein, die zeigt, dass der (meistens „die")
Kranke nicht in der Lage ist, einen sich selber entsprechenden Lebensentwurf zu
verwirklichen und auf die Weise zu handeln, die er (bzw. meistens „sie") selber
wählen würde. Die große Formenvielfalt des Rheumas erfordert es, jeden einzelnen
Fall von Rheuma gesondert zu betrachten.*

## d) Heilungsansätze im 11. Haus

Förderlich sind – wenn das Rheuma in den Unterschenkeln oder in einem der beiden
Unterarme auftritt – das Erkennen der eigenen Lebens-Utopie, das Finden von
Gleichgesinnten, das Entwickeln eines eigenständigen Freigeistes und die Bereit-
schaft, noch einmal neu anzufangen.

# 12.  Füße/Hände

H

### a) die Bedeutung des 12. Hauses

Das 12. astrologische Haus steht für die Lebensbereiche, die der Weltoffenheit des Sternzeichens Fische entsprechen: Anteilnahme, Sozialengagement, Religion, Spiritualität, Drogen, Kunst, Feinfühligkeit, Mitgefühl, Nächstenliebe.

Die Körperteile und Organe, die dem 12. Haus entsprechen, sind: **Füße, Hände** (der Kontakt „vor Ort").

Wenn es in diesem Bereich zu Störungen kommt, entstehen Überempfindlichkeit, Richtungslosigkeit, Aufopferung, Abgrenzungsmangel …

Das Thema dieser Lebensbereiche und Körperzonen, die dem 12. Haus entsprechen, ist das Spüren und das Mitschwingen: ein Segelschiff-Kapitän.

Der Fuß-zentrierte Fische-Stil des 12. Hauses reicht von „feinfühlig" über „hilfsbereit" bis zu „aufopfernd".

Die beiden **Fuß-Nebenchakren** haben dem Yoga und den alternativen Heilweisen zufolge die Aufgabe, den Kontakt zur Erde herzustellen und dem Menschen zu helfen, ein Teil des Ganzen zu bleiben.

Die beiden **Hand-Nebenchakren** haben die Aufgabe, den Kontakt zu anderen Menschen, Lebewesen und Dingen herzustellen.

Diese vier Nebenchakren sind die Kontakt-Nebenchakren – was auch dem Wesen des 12. Hauses entspricht.

### b) die zweimal sechs grundlegenden Erkrankungs-Arten des 12. Hauses

**Pilz-Erkrankungen** im Fuß-Bereich legen den Verdacht nahe, dass man ständig mit einer Umgebung in Kontakt ist, die man lieber meiden würde.

**Bakterien-Erkrankungen** im Fuß-Bereich legen die Vermutung nahe, dass diese Umgebung der Wohnort der eigenen Familie ist.

**Viren-Erkrankungen** im Fuß-Bereich könnten darauf hinweisen, dass man sich zwingt, im Kontakt mit diesem Ort zu bleiben.

**Krebs-Erkrankungen** im Fuß-Bereich gehen wahrscheinlich auf einen jahrelangen Aufenthalt an solch einem „falschen Ort" zurück.

**Degenerations-Erkrankungen** im Fuß-Bereich entstehen normalerweise durch Über- oder Unterbelastung.

**Unfälle** im Fuß-Bereich haben ihre Ursache vermutlich in der Ablehnung des Ortes oder in einem mangelnden Kontakt zu diesem Ort – also in der Unachtsamkeit beim Gehen.


**Pilz-Erkrankungen** im Hand-Bereich legen den Verdacht nahe, dass man ständig mit Menschen und Dingen in Kontakt ist – also wirklich mit den Händen berührt – die man lieber vermeiden würde.

**Bakterien-Erkrankungen** im Hand-Bereich legen die Vermutung nahe, dass es sich bei diesen Menschen, die man nicht berühren möchte, um die eigene Familie handelt.

**Viren-Erkrankungen** im Hand-Bereich könnten darauf hinweisen, dass man sich selber zwingt, in körperlichem Kontakt mit diesen Menschen zu bleiben.

**Krebs-Erkrankungen** im Hand-Bereich gehen wahrscheinlich auf den langandauernden körperlichen Kontakt zu Menschen, Tieren oder Dingen, die man nicht leiden kann, zurück.

**Degenerations-Erkrankungen** im Hand-Bereich entstehen normalerweise durch Über- oder Unterbelastung.

**Unfälle** im Hand-Bereich haben ihre Ursache vermutlich in der Ablehnung der Menschen, Tiere oder Dinge oder in der Unachtsamkeit beim Handeln. Die eigentliche Ursache könnte natürlich auch eine Autoaggression sein.

*c) konkrete Krankheiten im 12. Haus*

## Handverletzung

Ein Mann sitzt an seinem Schreibtisch und betrachtet sein Leben. Da packt ihn die Wut auf seine Frau, die ihn (aus seiner Sicht) ständig kritisiert und dirigiert und tyrannisiert. In seiner Wut nimmt er den Bleistift, der auf dem Tisch liegt, und schlägt ihn auf den Schreibtisch, sodass er in kleine Holzsplitter zerbricht.

Da der Bleistift einst an seinem oberen Ende ein Radiergummi besaß, das jedoch aus der Metallhülse herausgefallen war, rammte sich der Mann diese Hülse ungewollt in seine Hand. Die dadurch entstandene Wunde befand sich genau auf dem Handballen unter seinem Ringfinger.

*Der Ringfinger steht in der Handlesekunst für Gefühle, Liebe und Beziehungen. Die Wut dieses Mannes war gegen die Frau dieses Mannes gerichtet, aber der Mann hat bei seinem Wutausbruch diese Wut gegen sich selber gerichtet. Die Wunde ist sowohl die Wunde des Mannes in seinem Beziehungsbereich, also sein eigenes Leiden an seiner Situation, als auch ein unbeholfener Versuch, die Frau aus seinem Leben „herauszuschneiden" und loszuwerden.*

## Feuerlauf

Bei Feuerläufen kommt es bisweilen vor, dass einer der Teilnehmer eine oder mehrere Brandblasen am Fuß bekommt.

*Wenn man sie anhand ihrer Lage und mithilfe der Fußreflexzonen deutet, zeigen diese Blasen sehr präzise die Themen, mit denen der Betreffende zu der Zeit des Feuerlaufs gekämpft hat.*

## Fußpilz

Eine Frau hat Fußpilz am Außenrand des Fußnagels an beiden dicken Zehen sowie an den Fußnägeln ihrer beiden kleinen Zehen.

*Diese Stellen entsprechen bei der Fußreflexzonenmassage den Ohren. Die Ohren haben bei der Frau in ihrer Jugend ständig geschmerzt.*

*Im Gespräch mit ihr zeigte sich, dass sie sich gegen das massive Drängen ihres Vaters, der von ihr ein anderes Verhalten verlangt hat, nur dadurch zur Wehr setzen konnte, dass sie ihn ignorierte und so tat, als ob sie ihn nicht hören würde. Ihr Fußpilz scheint somit mit dem Drängen durch ihren Vater in Zusammenhang zu stehen.*

*Das Ohr und der sprachliche Kontakt entsprechen im Horoskop dem 3. Haus. Dort hat sie ihre Sonne (Willen) und ihren Mars (Tat) in Konjunktion stehen, d.h. sie tut stets, was sie will. Diese beiden Planeten stehen im Quadrat zum Pluto im 12. Haus (Füße, Hände), d.h. es besteht die Tendenz, gegen jede Autorität (Pluto) anzukämpfen – hier der Vater.*

*Im 3. Haus steht weiterhin der Merkur, der für die Sprache und somit auch für das Hören zuständig ist. Dieser steht in Opposition zu dem Mond, der für Kontakt und Nähe steht. Eine Opposition erfordert einen rhythmischen Wechsel zwischen den beiden Polen – hier also zwischen Sprache/Denken und Nähe. Der Merkur wehrt sich gegen die drängenden Worte des Vaters offenbar dadurch, dass er den Kontakt (Mond) abbricht.*

*Der Fußpilz symbolisiert anscheinend die unerwünschte Nähe zu dem Vater, die dieser durch seine drängenden Worte herzustellen versucht hat. Es ist daher anzu-nehmen, dass das Herstellen einer klaren Grenze zu ihrem Vater den Fußpilz heilen könnte. Mit dieser Grenze ist keine endgültige Trennung, sondern ein sinnvoller Wechsel zwischen Nähe und Distanz gemeint – eben das Schwingen zwischen den beiden Polen der Opposition.*

*Bei diesem Fußpilz zeigt sich, dass sich bei Pilzerkrankungen etwas an den eigenen Körper bzw. die eigene Psyche angelagert hat, was nicht dorthin gehört. Hier sind das die Ansprüche des Vaters an seine Tochter bzw. seine gutgemeinten, aber vehementen und seine Tochter nicht fördernden Ratschläge.*

### d) Heilungsansätze im 12. Haus

Förderlich sind der Aufenthalt in der Natur, Barfußlaufen, Schwimmen in einem See oder im Meer sowie jede Form von Romantik.

# Bücher von Harry Eilenstein

**Magie für Anfänger**
- Telepathie für Anfänger (60 S.)
- Telepathie für Fortgeschrittene (52 S.)
- Telekinese für Anfänger (52 S.)
- Analogien für Anfänger (56 S.)
- Omen und Orakel für Anfänger (52 S.)
- Lebenskraft für Anfänger (60 S.)
- Meditation für Anfänger (56 S.)
- Kundalini für Anfänger (100 S.)
- Hypnose für Anfänger (56 S.)
- Kampfmagie für Anfänger (172 S.)
- Auto-Movement für Anfänger (56 S.)
- Chakra-Magie für Anfänger (148 S.)
- Astralreisen für Anfänger (56 S.)
- Astrologie für Anfänger (120 S.)
- Astrologische Quadrate für Fortgeschrittene (72 S.)
- Partnerhoroskope für Anfänger (100 S.)
- Silberschnüre für Anfänger (52 S.)
- Zaubersprüche für Anfänger (60 S.)
- Ritual-Magie für Anfänger (56 S.)
- Mandalas für Anfänger (68 S.)
- Geldzauber für Anfänger (56 S.)
- Liebeszauber für Anfänger (52 S.)
- Invokationen für Anfänger (52 S.)
- Evokationen für Anfänger (60 S.)
- Geister für Anfänger (52 S.)
- Elfen für Anfänger (56 S.)
- Magie-Forschung für Anfänger (140 S.)
- Magie-Romantik für Anfänger (60 S.)
- Selbsterkenntnis für Anfänger (52 S.)
- Einweihungen für Anfänger (60 S.)
- Drogen-Kabbala für Anfänger (216 S.)
- Zahlensymbolik für Anfänger (60 S.)
- Die Sprache des Mondes – für Anfänger (116 S.)
- Zaubergesänge für Anfänger (100 S.)
- Zukunftschau für Anfänger (60 S.)
- Schamanismus für Anfänger (52 S.)
- Schwitzhütten für Anfänger (52 S.)
- Magische Gegenstände für Anfänger (68 S.)
- Übertragungen für Anfänger (68 S.)
- Zaubertränke für Anfänger (64 S.)
- Magie-Gesten für Anfänger (252 S.)
- Da'ath-Magie für Anfänger (64 S.)
- Magie-Heilungen für Anfänger (68 S.)
- Kornkreise für Anfänger (348 S.)
- Feng Shui für Anfänger (96 S.)
- Tao für Anfänger (112 S.)
- Magie für Anfänger – Sammelband  I  (696 S.)
- Magie für Anfänger – Sammelband  II  (664 S.)
- Magie für Anfänger – Sammelband  III  (580 S.)
- Magie für Anfänger – Sammelband  IV  (700 S.)
- Magie für Anfänger – Sammelband  V  (676 S.)
- Magie für Anfänger – Sammelband  VI  (640 S.)

**Magie**
- Handbuch für Zauberlehrlinge (408 S.)
- Wie man das Pentagramm-Ritual zum Leben erweckt (308 S.)
- Tarot (104 S.)
- Physik und Magie (184 S.)
- Die Synthese von Physik und Magie (200S.)
- Die Magie-Formel (156 S.)
- Schwarze Löcher in der Magie (56 S.)
- Krafttiere – Tiergöttinnen – Tiertänze (112 S.)
- Schwitzhütten (524 S.)
- Mythen und Magie der Harfe (116 S.)
- Drei Adeptus Major Rituale (192 S.)
- Drei Adeptus Exemptus Rituale (120 S.)
- Zwei Infans Abyssi Rituale (128 S.)

**Traumreisen**
- Traumreisen zu Heilpflanzen (700 S.)
- Traumreisen zum kabbalistischen Lebensbaum (132 S.)

**Meditation**
- Der Lebenskraftkörper (230 S.)
- Die Chakren (100 S.)
- Das Chakren-System mit den Nebenchakren (296 S.)
- Organe und Chakren (64 S.)
- Die platonischen Körper in den Chakren (156 S.)
- Meditation (140 S.)
- Drachenfeuer (124 S.)
- Kundalini I (676 S.)
- Kundalini II (672 S.)
- Reinkarnation (156 S.)
- einsgerichtet (140 S.)

**Astrologie**
- Astrologie (496 S.)
- Photo-Astrologie (428 S.)
- Die astrologischen Aspekte (88 S.)
- Horoskop und Seele (120 S.)

**Kabbala**
- Kursus der praktischen Kabbala (150 S.)
- Eltern der Erde (450 S.)
- Blüten des Lebensbaumes:
    1. Die Struktur des kabbalistischen Lebensbaumes (370 S.)
    2. Der kabbalistische Lebensbaum als Forschungshilfsmittel (580 S.)
    3. Der kabbalistische Lebensbaum als spirituelle Landkarte (520 S.)
- Logik und Wirkung der Analogie (700 S.)

**Eilenstein, Frater V.D., Knecht, Büdenbender**
- Magie heute – Berichte aus der Praxis (288 S.)

**Büdenbender, Eilenstein**
- Chaos, Alk und Magic (436 S.)

## Germanen

## Religion allgemein
- Die sieben Schritte des Lebens (428 S.)
- Muttergöttin und Schamanen (168 S.)
- Totempfähle (440 S.)
- Der Urriese (168 S.)

## Jungsteinzeit
- Göbekli Tepe (472 S.)
- Die Göttin von Göbekli Tepe (144 S.)
- Die Rituale von Göbekli Tepe (112 S.)

## Ägypten
- Hathor und Re 1: Götter und Mythen im
  im Alten Ägypten (432 S.)
- Hathor und Re 2: Die altägyptische Religion
  – Ursprünge, Kult und Magie (396 S.)
- Isis (508 S.)
- Ma'at (200 S.)

## Indogermanen
- Die Entwicklung der indogermanischen
  Religionen (700 S.)
- Wurzeln und Zweige der indogermanischen
  Religion (224 S.)

## Christentum
- Christus (60 S.)
- Die Biographie des Teufels (144 S.)
- Die Magie der Propheten Elias und Elisa (96 S.)

## Psychologie
- Über die Freude (100 S.)
- Das Geheimnis des inneren Friedens (252 S.)
- Das Beziehungsmandala (52 S.)
- Gefühle und ihre Verwandlungen (404 S.)
- einsgerichtet (140 S.)
- Liebe und Eigenständigkeit (216 S.)
- Von innerer Fülle zu äußerem Gedeihen (52 S.)
- Kreative Hochzeits-Rituale (56 S.)

## Heilung
- Die Symbolik der Krankheiten (76 S.)

## Kunst
- Herz des Tanzes – Tanz des Herzens (160 S.)
- Die Wurzeln der Kunst (60 S.)
- Wege zur Musik-Improvisation (32 S.)

## Drama
- König Athelstan (104 S.)

## Roman
- Maran der Schamane (548 S.)
- Maran der Zauberlehrling (676 S.)
- Maran der Harfner (700 S.)
- Maran der Krieger (700 S.)
- Maran der Magier (900 S.)
- Maran der Weise (900 S.)

## Entwürfe für die Zukunft
1. Die 12 Stile des Tierkreises (164 S.)
2. Die 12 Gedanken zur Energie (108 S.)
3. Die 12 Phänomene der Schwingungen (60 S.)
4. Die 12 Qualitäten des Wassers (92 S.)
5. Die 12 Fundamente des Wohnens (96 S.)
6. Die 12 Grundprinzipien einer umfassenden
   Gesundheit (32 S.)
7. Die 12 Zonen des menschlichen Körpers (80 S.)
8. Die 12 Zutaten der Ernährung (60 S.)
9. Die 12 Flüge der Bienen (148 S.)
10. Die 12 Sichtweisen auf Genußmittel und Drogen (96 S.)
11. Die 12 Möglichkeiten der ganzheitlichen Medizin (92 S.)
12. Die 12 Ansichten über das Impfen (36 S.)
13. Die 12 Leitlinien der Erziehung (44 S.)
14. Die 12 Richtungen des Denkens (84 S.)
15. Die 12 Arten des Lernens (56 S.)
16. Die 12 Seiten einer umfassenden Bildung (36 S.)
17. Die 12 Ansätze zu effektivem Handeln (76 S.)
18. Die 12 Konzepte der Arbeit (48 S.)
19. Die 12 Arten der neuen Technologien (36 S.)
20. Die 12 Betrachtungsweisen der künstlichen
    Intelligenz (48 S.)
21. Die 12 Eigenheiten des Geldes (40 S.)
22. Die 12 Funktionen der Steuern (56 S.)
23. Die 12 Betrachtungsweisen der Sozialberufe (60 S.)
24. Die 12 Strategien der Macht (64 S.)
25. Die 12 Anforderungen an ein neues Wertesystem (48 S.)
26. Die 12 Bausteine einer neuen Gesellschaftsform (52 S.)
27. Die 12 Tore zur Sophikratie (80 S.)
28. Die 12 Pfade zum Frieden (48 S.)
29. Die 12 Säulen des Naturrechts (56 S.)
30. Die 12 Grundlagen der Beziehungen (52 S.)
31. Die 12 Spielfelder des Fußballs (108 S.)
32. Die 12 Wege der Kunst (60 S.)
33. Die 12 Wurzeln eines erfüllten Lebens (44 S.)
34. Die 12 Bereiche des Bewußtseins (56 S.)
35. Die 12 Tempel der Religionen (84 S.)
36. Die 12 Aspekte eines einheitlichen
    spirituell-physikalischen Weltbildes (72 S.)
37. Die 12 Dynamiken der Verwandlung (44 S.)
- Sammelband 1 „Natur" (492 S.)
- Sammelband 2 „Gesundheit" (512 S.)
- Sammelband 3 „Bildung" (524 S.)
- Sammelband 4 „Gesellschaft" (416 S.)
- Sammelband 5 „Psyche" (380 S.)

## die „Anfänger"-Reihe
- The Synthesis of Physics and Magic (192 p.)
- Telepathy for Beginners (60 p.)
- Telepathy for Advanced Learners (52 p.)
- Telekinesis for Beginners (56 p.)
- Life Force for Beginners (76 p.)
- Kundalini for Beginners (104 p.)
- Astral Projection for Beginners (60 p.)
- Meditation for Beginners (60 p.)
- Prophecy for Beginners (60 p.)
- Ritual Magic for Beginners (64 p.)
- Magic Chant for Beginners (108 p.)
- Invocations for Beginners (52 p.)
- Evocations for Beginners (62 p.)
- Auto-Movement for Beginners (60 p.)
- Elves for Beginners (56 p.)
- Hypnosis for Beginners (56 p.)
- Love Magic for Beginners (52 p.)
- Money Magic for Beginners (60 p.)
- Magic Objects for Beginners (64 p.)
- Shamanism for Beginners (52 p.)
- Chakra-Magic for Beginners (148 p.)
- Language of the Moon – for Beginners (128 p.)
- Self Knowledge for Beginners (60 p.)
- Da'ath-Magic for Beginners (64 p.)
- Astrology for Beginners (112 p.)
- Number Symbolism for Beginners (64 p.)
- Mandalas for Beginners (76 p.)
- Crop Circles for Beginners (344 p.)
- Feng Shui for Beginners (96 p.)
- Magic Research for Beginners (140 p.)
- Magic for Beginners – Anthology I (636 p.)
- Magic for Beginners – Anthology II (616 p.)
- Magic for Beginners – Anthology III (684 p.)
- Magic for Beginners – Anthology IV (580 p.)

## Eilenstein, Frater V.D., Knecht, Büdenbender
- Living Magic (261 S.) (= „Magie heute")

## sonstige englische Ausgaben
- The Biography of the Devil (140 S.)
- The Synthesis of  Physics and Magic (192 S.)
- The Chakra-System with the Minor Chakras (304 S.)